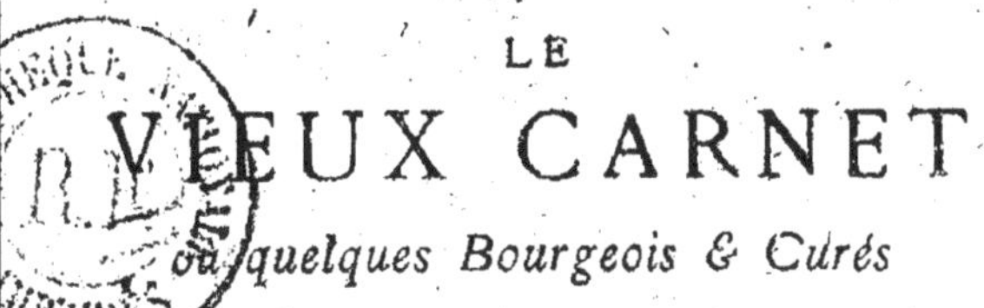

LE

VIEUX CARNET

où quelques Bourgeois & Curés

DE MONTMARAUD

notaient les événements marquants de leur temps

(XVIe-XVIIIe siècle)

Publié, avec introduction, notes et appendice,

Par F. CLAUDON, ancien Archiviste de l'Allier.

Le Vieux Carnet

où quelques Bourgeois et Curés de Montmaraud notaient les événements marquants de leur temps (XVIe-XVIIIe siècle)

Tiré à deux cents exemplaires
dont trois sur papier impérial du Japon

LE

VIEUX CARNET

ou quelques *Bourgeois & Curés*

DE MONTMARAUD

notaient les événements marquants de leur temps

(XVIe-XVIIIe siècle)

Publié, avec introduction, notes et appendice,

Par F. CLAUDON, ancien Archivifte de l'Allier.

A MOULINS,

De l'Imprimerie de CRÉPIN-LEBLOND,

Rue Jean-Jacques-Rouffeau.

MDCCCCVII.

INTRODUCTION

Il y a quelques années, lorsque j'essayais, sans grand succès du reste, de mettre un peu d'ordre dans les papiers, notes et notules aux multiples et invraisemblables formats, laissés aux Archives de l'Allier par un de mes prédécesseurs, le hasard me fit tirer, d'une des nombreuses boîtes où ses fiches étaient enfouies, un petit paquet de dix-neuf feuillets, détachés les uns des autres, de format minuscule (15 cm. sur 10), couverts d'une écriture très serrée, bien reconnaissable, et dont le texte rappelait certains événements, la plupart locaux, intéressant particulièrement la région de Montmaraud, depuis les dernières années du XVIe siècle jusqu'au premier tiers du XVIIIe.

A ce texte, l'archiviste Chazaud, souvent trop sobre de références, n'avait jugé à propos d'en ajouter aucune, de sorte que ses feuillets ne portant pas en eux-mêmes le certificat d'origine désiré, il fallait de nouveau attendre du hasard un second service, celui d'authentiquer cette petite chronique, celle même qui fait l'objet de la présente publication.

Le hasard vint en effet quelque temps après, lorsque, en parcourant la série chronologique des rapports annuels de Chazaud, je m'arrêtai sur un passage de son rapport de 1876 dans lequel, rendant compte de son inspection des Archives communales de Montmaraud, il ajoutait qu'un habitant de cette petite ville avait bien voulu lui confier « un agenda du XVIe siècle, imprimé en Allemagne, sur lequel divers habitants de Montmaraud, marchands, avocats et les curés de la ville depuis 1650 environ, ont inscrit, tour à tour, comme éphémérides, les faits les plus importants qui se sont passés, sous leurs yeux, à Montmaraud et aux environs, depuis 1579 jusque vers le milieu du XVIIIe siècle ». Chazaud ajoutait qu'il avait pris copie de ces annotations avec l'intention de les publier.

Donc, plus de doute sur l'origine de la copie Chazaud. Mais, pour réaliser son projet de publication et présenter celle-ci avec le maximum de garantie, il restait à procéder à une collation minutieuse de la copie avec le manuscrit original. Malheureusement, quelques démarches que j'aie tentées auprès des héritiers de celui qui le possédait il y a trente ans, aucun d'eux n'a pu me dire ce que ce manuscrit était devenu, aucun même n'en avait jamais eu connaissance. Leur empressement à me témoigner leurs regrets de ne pouvoir me satisfaire, la disparition sans doute irrémédiable de l'original, les conditions précaires dans lesquelles la copie a été établie ; voilà, peut-être, assez de raisons pour expliquer comment se sont évanouis les derniers scrupules qui pouvaient m'effleurer à l'idée de produire au jour un document qui, en somme, ne m'appartient pas. — Mais à qui appartient-il, aujourd'hui ?

J'avais donc préparé la présente édition et j'allais en livrer le texte à l'impression sans savoir ni ce qu'était devenu, ni ce qu'était au juste l' « agenda » consulté par Chazaud, lorsque mon excellent confrère de la Société d'Emulation du Bourbonnais, M. B. Thonnié, informé de mon projet, me ménagea la plus gracieuse surprise en tirant de ses cartons et me communiquant une liasse de documents et de notes sur Montmaraud, parmi lesquels un petit cahier de 24 pages, de format in-4°, écrit dans la deuxième moitié du XVIIIe siècle, et débutant par ce suggestif avertissement du copiste :

« J'ai tiré les notes suivantes d'un livre où elles ont été placées à la main par différentes personnes, à en juger par l'écriture ; lequel a pour titre : *Calendarium historicum, conscriptum a Paulo Ebero, Kitthencensi. Basileæ, 1550.* »

Or, les notes qui suivaient étaient identiques, à quelques suppressions et quelques fautes près, aux transcriptions de Chazaud ; elles se succédaient dans le même ordre, et dans la copie Chazaud, et dans la nouvelle copie, que, pour plus de commodité, j'appellerai la copie B ; les mêmes pages du livre primitif et les mêmes quantièmes étaient relevés pour les mêmes faits dans l'une et l'autre. Cette comparaison prouvait à l'évidence que la source des deux transcriptions était unique, et que l'« agenda », consulté en 1876, n'était autre qu'un exemplaire du *Calendarium historicum* de Paul Eber (1).

Il est indispensable de placer ici quelques notes sur ce *Calendarium* pour faire comprendre la distribution de l'ouvrage, et, partant, du « vieux carnet » de Montmaraud.

La Bibliothèque de l'Arsenal en possède un exemplaire in-8°, imprimé à Wittemberg, en 1550. De son côté, la Bibliothèque nationale en conserve au moins cinq exemplaires en quatre éditions, parues à Wittemberg, en 1556 et 1564, dans le format in-8°, et en 1571 et 1573, dans le format in-4°.

(1) « Hébraïsant et théologien allemand, né à Kissingen (Franconie), le 8 novembre 1511, mort le 16 décembre 1569. » (*Biographie Didot*, t. XV.)

Les Répertoires de Fr.-A. Ebert *(Allgemeines bibliographisches Lexicon,* Leipzig, 1821), et de J.-G.-Th. Grœsse *(Trésor de livres rares et précieux,* Dresde, 1859), signalent que les exemplaires connus du *Calendarium* sont souvent accompagnés d'intéressantes notes marginales relatives à des événements locaux. Le premier cite à ce propos plusieurs exemplaires de ce genre à Dresde et à la Bibliothèque de l'Université de Leipzig. L'édition de 1556 de la Bibliothèque nationale est couverte de notes ayant trait à des événements de la fin du XVIe siècle et du commencement du XVIIe. Comme on le voit, l'exemplaire annoté de Montmaraud ne constitue pas une exception (1).

C'est l'exemplaire de 1550, c'est-à-dire de la première édition conservée à l'Arsenal, qui servira de base à la description qui suit. Il semble bien conforme, autant qu'on en peut juger par les mentions de pagination reproduites dans la copie Chazaud et la copie B, à celui où fut transcrite la chronique de Montmaraud.

D'abord, le titre en rouge et noir, dont on a reproduit ci-contre, approximativement, la disposition typographique.

CALENDA-
RIVM HISTORI-
CVM CONSCRI-
ptum
à
PAVLO EBERO
KITTHINGENSI.

VVITEBERGÆ.
EXCVSVM IN OFFI-
CINA HÆREDVM GE-
ORGII RHAV.
Anno 1550.

(1) Fr.-A. Ebert et d'autres bibliographes datent de Wittemberg, 1550, la première édition de l'ouvrage. C'est bien la date d'année donnée par la copie B. La date de lieu : *Basileæ,* consignée par celle-ci, pose un pro-

Aux quinze feuillets suivants, une épître dédicatoire à Georges-Frédéric, marquis de Brandebourg, datée de Wittemberg, le 2 mai 1550, et une autre pièce en vers; après quoi, commence seulement la pagination.

La préface occupe les pages 1 à 48. C'est une étude sur les différents calendriers, avec des notes sur l'importance de l'anniversaire des grands hommes. L'auteur indique que son livre pourra servir à l'inscription de notes chronologiques sur les fêtes, les familles, etc. On verra dans quelle mesure son conseil a été suivi à Montmaraud.

Puis vient le calendrier proprement dit, chaque jour occupant une page, quelquefois blanche, le plus souvent utilisée, mais laissant toujours une place suffisante pour que les chroniqueurs locaux puissent se donner libre carrière.

Les noms des mois, en capitales: IANVARIVS, FEBRVARIVS,... DECEMBER, se trouvent respectivement aux pages 49, 81, 113, 145, 177, 209, 241, 273, 305, 337, 369 et 401.

Les jours de chaque mois sont distribués selon le tableau suivant:

Janvier...	= P. 50-80
Février...	= P. 83-111
Mars....	= P. 114-144
Avril....	= P. 147-176
Mai.....	= P. 178-208
Juin.....	= P. 211-240
Juillet....	= P. 242-272

blème bibliographique qui reste pour moi insoluble. Chazaud n'eût pas pris pour un livre « imprimé en Allemagne » un ouvrage imprimé à Bâle, et aucune des bibliographies consultées n'indiquent qu'il en fut ainsi.

Août..... = P. 274-304
Septembre = P. 307-336
Octobre.. = P. 338-368
Novembre = P. 371-400
Décembre = P. 402-432

Restent quelques pages consacrées à des notes diverses (p. 82, 306 et 370) ou laissées en blanc (p. 112, 146 et 210).

La pagination s'arrête à la page 432. Quelques dissertations et un *index calendarii* terminent l'ouvrage avec seize feuillets non comptés.

Les pages 1 à 48 de la préface ne pouvaient être utilisées par les chroniqueurs locaux, au jour le jour, qui trouvaient le reste de l'ouvrage tout disposé pour leurs annotations. Aussi bien, ni Chazaud, ni l'auteur de la copie B n'y ont relevé aucun détail local. Aux pages 50 à 55, au contraire, sous les quantièmes 1er à 6 janvier, on trouve le catalogue des curés de Montmaraud, de 1500 à 1686, avec lequel ces quantièmes n'ont d'ailleurs aucun rapport et par lequel débute cette publication. Le mois de janvier s'achève avec la page 80, occupant ainsi les pages 50 à 80, soit une page par jour, et ainsi de suite pour les autres mois, selon le tableau qui a été établi plus haut.

Ce tableau m'a permis de rectifier certaines erreurs de dates, qu'elles proviennent d'une transcription hâtive par Chazaud d'un manuscrit dont le prêt lui fut peut-être mesuré, ou d'une incertitude de lecture causée par l'état défectueux de sa copie.

Mais, en général, on peut admettre que les dates assignées aux événements sont exactement rapportées, ou mieux, que ceux-ci sont bien enregistrés sous le quantième et dans la page qui leur conviennent d'après le tableau que j'ai dressé. La concordance de certains quantièmes avec les jours de la semaine en fait foi et semble bien indiquer que, le plus souvent, ces notes ont noirci les feuillets du *Calendarium* au fur et à mesure des événements.

Il ne fallait pas songer à établir le texte de cette plaquette dans l'ordre d'un calendrier à effeuiller, c'est-à-dire par mois et par jour, qui est l'ordre de l'original et des deux copies. J'ai classé les faits dans l'ordre chronologique par année, qui est celui où ils se sont déroulés, de façon à présenter cette tranche de vie de quelques membres du clergé et de la bourgeoisie de Montmaraud dans l'ordre même où ceux-ci l'ont vécue (1).

Ce sont, en effet, comme l'indique le titre un peu compliqué de ce travail, des bourgeois et des curés de Montmaraud qui, durant cent cinquante ans, ont annoté les pages du « vieux carnet ». Mais peut-on préciser davantage ?

Rien, dans le manuscrit, ne permet de soupçonner l'auteur ou les auteurs des quelques notes qui s'échelonnent de 1579 à 1595. — De 1604 à 1652, il appartint, semble-t-il, à Denis Bonnet, bourgeois de Montmaraud, qui s'en montre l'annotateur avisé, mêlant aux notes sur les événements du temps, des indications d'ordre purement biographique sur sa famille. C'est là, vraiment, pendant cette première moitié du XVIIe siècle, le livre de raison des Bonnet. Fallait-il supprimer, dans mon texte, l'état civil de cette famille, peu marquante en somme ? Je ne l'ai pas pensé, d'abord par égard pour la mémoire de celui auquel nous devons la mention de faits assez curieux, ensuite parce que ces actes de baptêmes et autres nous mon-

(1) Il m'a paru inutile, dans ces conditions, de reproduire la pagination de l'original. J'ai supprimé aussi certains quantièmes, trop précis pour être exacts, par exemple lorsqu'il était manifeste que le fait ainsi daté n'avait pu se passer en un seul jour ou tel jour, et qu'il fallait seulement retenir la date du mois.

trent bien notre chroniqueur, véritable témoin oculaire de la plupart des événements qu'il raconte ; enfin, les registres paroissiaux de Montmaraud présentent, pour la première partie de ce siècle, certaines lacunes correspondant parfois aux dates des actes publiés ici (1).

Les deux notes, assez incorrectes, de 1670 et 1675, sont d'un auteur anonyme, et, probablement du même, trois autres notes de mai 1685 et mars et décembre 1686. — Mais, à cette dernière exception près, on peut dire que toutes les notes de 1679 à 1686 sont du curé Hugues Josset, le patient compilateur d'un recueil des « contrats concernant messieurs les vénérables curéz et communalistes de l'église de St-Estienne de Montmaraud, la marguillerie, charité et collège dudit lieu, transcrits... en l'an 1685 (2) ».

De novembre 1686 aux environs de 1715, le manuscrit a pu appartenir au successeur de Josset, Jean Blanchard : deux § du catalogue des curés (novembre et décembre 1686) sont de lui ; après quoi, l'incertitude persiste jusqu'à 1715.

(1) A l'exception d'un cahier d'actes de 1617 à 1627, la mairie de Montmaraud ne conserve plus de registres paroissiaux antérieurs à 1663. On lit au dernier feuillet de l'année 1627 : « Tous les registres, depuis les maladies qui furent en 1629, jusqu'en l'année 1663, sont perduz, et après toute diligence n'ont jamais pu être recouvréz. Faict ce 11e novembre 1685. Josset » ; puis, du même : « Ce 2e avril 1686, les registres m'ont été renduz par les héritiers de feu messire Blaize Guillaumin, depuis 1640 jusqu'à 1663. Il manque ceux depuis 1628 jusqu'à 1640 qui furent pris sur l'autel et bruslez par un fou ». En dépit de cette seconde note, la mairie n'a plus rien de 1628 à 1663. Les Archives de l'Allier conservent un registre paroissial de Montmaraud, aux trois quarts pourri, qui renferme des actes de 1580 à 1616.

(2) Les actes de ce recueil, que conserve la mairie de Montmaraud, vont de 1573 à 1685 (volume in-4°, environ 80 feuillets).

Les quelques notes qui suivent seraient, jusqu'à 1732, d'après des mentions marginales de la copie B, de la main de Grégoire Joly, notaire royal à Montmaraud ; du même encore, les deux notes de 1733 par lesquelles j'ai complété le catalogue des curés ; du même enfin, des notes de 1715 et 1765 complétant respectivement des chroniques de 1684 et 1685 qu'elles suivent immédiatement dans cette édition. Ainsi, l'ouvrage aurait appartenu à ce notaire, de 1715 environ à 1765 au moins, si l'on admet que la rédaction et la consignation de ces notes sur le registre sont contemporaines des faits, ce qui n'est pas rigoureusement démontré ; mais du moins le contraire semble très improbable. Il est vrai que Grégoire Joly ne fut pourvu de l'office de notaire à Montmaraud que le 18 février 1749 (1) ; mais, en attribuant ces chroniques au « notaire Joly », l'auteur de la copie B, son compatriote et contemporain, n'a vraisemblablement pas voulu faire autre chose que leur donner une attribution certaine. Joly était notaire quand il le connut et eut communication de son manuscrit (2), et il lui donne son titre, qu'il pouvait bien ne pas avoir encore quand il reprit la plume tombée des mains des Bonnet et des Josset.

On sait déjà que le notaire Joly et l'auteur de la copie B étaient compatriotes. Ce dernier n'est autre que Gilbert Michelon, sieur de Félines, né à Montmaraud le 30 août 1740, plus tard procureur du roi en la châtellenie de Murat, subdélégué de l'Intendant de Moulins, et député du Bourbonnais pour le Tiers aux Etats généraux de 1789 ; il mourut en 1807.

Sa copie n'est pas antérieure à 1765, dernière date relevée

(1) *Arch. de l'Allier*, B. 848.

(2) Joly était encore notaire en 1782 (C. Grégoire, *Montmaraud*, p. 49.)

dans le *Calendarium* de Grégoire Joly. Elle est un peu moins complète que la copie Chazaud ; une dizaine de notes d'histoire locale ont été négligées, et aucun des actes relatifs à la famille Bonnet n'y figure. Quelques-unes des notes consignées sont écourtées, peut-être à cause de la difficulté de les déchiffrer dans le texte primitif. — Cette copie se termine par quelques notes de Michelon de 1772 à 1774, qui ne sont pas dans le vieux calendrier, autrement elles auraient été réparties à leurs quantièmes respectifs et recopiées dans le même ordre. Elles ont été placées, dans cette édition, à la fin du « vieux carnet », tout avant l'Appendice.

Malgré ces quelques imperfections, cette seconde copie m'a été très précieuse ; elle m'a fourni le titre vainement cherché jusqu'ici de l'agenda allemand ; elle m'a fourni le contrôle de plusieurs dates douteuses ; elle m'a permis d'imprimer avec confiance certains mots péniblement conjecturés d'après une première copie, nullement exempte d'imperfections.

En mettant à mon entière disposition les manuscrits et documents laissés par son aïeul, M. Thonnié m'a donné l'occasion d'apporter à mon texte d'appréciables améliorations, et de me rappeler au souvenir d'un confrère que je n'ai pas oublié. C'est pour moi un devoir, c'est un plaisir aussi de l'en remercier publiquement (1).

F. CLAUDON,
Archiviste de la Côte-d'Or.

(1) M. C. Grégoire vient de faire paraître une *Histoire du Canton de Montmaraud*, Moulins, 1906, in-8°, 251 pages, à laquelle j'aurai plus d'une fois l'occasion de renvoyer sous le titre abrégé de : *Montmaraud*.

LE VIEUX CARNET

où quelques Bourgeois et Curés de Montmaraud notaient les événements marquants de leur temps

(XVIe-XVIIIe siècle)

CATALOGUE DE M^{rs} LES CURÉZ DE L'ÉGLISE DE St-ESTIENNE DE MONTMARAUD (1).

Me Robert Cormier. 1500 (2).

Me Lancellot Forest (3).

Me Jehan de Bourges (4).

Me Jehan Courtaudon. 1580 (5).

Me Pierre Deschiers. 1577 *(sic)* (6).

Me Lancellot Méténier : il avoit bonne voix. 1620 (7).

---

(1) De la main du curé Josset.

(2) Il était encore curé de Montmaraud le 12 mai 1540, d'après une note des papiers de M. Thonnié.

(3) Il vivait en 1555. Voy. plus loin à l'*Appendice*.

(4) Nicolay, *Générale Description du Bourbonnais*, édit. Vayssière, t. II, p. 142, le désigne « frère Jean de Burges, de l'ordre de Saint-Augustin ». Il vivait donc en 1569. D'autre part, C. Grégoire, *Montmaraud*, p. 42, le signale dès 1558.

(5) C. Grégoire, p. 42, le signale encore vivant en 1591.

(6) D'après la date, il faudrait placer ce personnage avant le précédent ; mais, comme il ne figure pas dans la chronologie des curés du lieu donnée par C. Grégoire, p. 42, on ne peut que reproduire la copie Chazaud sans savoir dans quelle mesure on doit la rectifier.

(7) Comme on le verra plus loin, il était curé de Montmaraud au

Me Lancellot Frade : il avoit eu la cure par résignation de son oncle et mourut encore le premier dans les maladies (1).

Me Jehan Bonnet : il étoit avocat avant que de se faire prestre et, étant curé, il étoit plus propre à être soldat qu'à dire son bréviaire ; il mourut de la peste et, avant son décès, il marqua sa place proche la chapelle du cimetière.

Me Simon Guilhaumet, natif de Chantelle : il vint curé après les maladies (2) et a été curé 33 ou 34 [ans] ; il est mort riche de cinquante deux mille livres et, vingt ans après sa mort, ce bien s'est tout perdu et ses héritiers sont pauvres. — Un homme de bon conseil et de grand jugement pour les accors et les affaires du monde.

Après la mort dudit sieur Guilhaumet, M[r] de La Foucrière, en vertu de ses degrés, eut ladite cure qu'il résigna quelque tems après à M[r] Dubost (3). Le premier fut ensuite prieur de Monsenoux et le second y étoit chanoine.

Ledit Dubost la résigna à M[r] Martin Pommier, de Barba[s]te (4) : *antea jesuita, homo sublimis scientiæ, sed minimæ devotionis, nullomodo curæ animarum exercendæ idoneus erat.*

---

moins dès 1604 ; il mourut dans l'épidémie de 1629, comme son neveu et successeur, en faveur duquel il avait résigné sa cure en 1627.

(1) Ce curé, prénommé aussi Gilbert, mourut de la peste en juillet ou août 1629. Il n'est pas mentionné par C. Grégoire, p. 42, non plus que son successeur, qui ne fut d'ailleurs en place que quelques semaines, le curé Guilhaumet, *aliàs* Guillaumet, ayant pris possession le 25 novembre 1629.

(2) Le 25 novembre 1629.

(3) Les registres paroissiaux de Montmaraud ne conservent aucune signature des curés de La Foucrière et Dubost, qui, n'ayant fait que passer, ne sont pas mentionnés dans le *Montmaraud* de C. Grégoire.

(4) Nommé curé de Montmaraud le 28 août 1662. Le dernier acte qu'il signa est du 26 septembre 1667.

En l'an 1669, Mr Pommier la résigna à Monsr de La Vallée (1). A cause de son inconstance, il ne peut demeurer curé que six mois et la donna à Me Blaize Guilhaumin (2) : *homo erat decori vultus et canoræ vocis, suis invisus, dum viveret, nemini amicus.*

Après sa mort (3), Me Estienne Dumas l'obtint, *sede vacante.* Il étoit d'un bon naturel, aimé de tous et beaucoup pleuré à sa mort. Il demeura quatorze mois (4).

Messire Hugues Josset, natif de la ville de St-Amand, âgé de vingt-quatre ans, fut curé un mois et demi après avoir chanté messe en l'an 1680. Il eut la cure de M. le R. Michel Phelipeaux Arch. (5).

Le sieur Josset (6) est décédé en l'année 1686, le 14e jour de novembre, et a esté inhumé dans le chœur de l'église de St-Estienne dudit Montmaraud, à la droite du pupitre, après avoir donné au publicq des grandes marques de sa dignité, zelle et affection du service de Dieu et du publicq, s'employant tant aux affaires spirituelles qu'à terminer les différens qui se rencontroient entre ses paroissiens pour les maintenir en bonne union et concorde, de telle manière qu'à sa mort il n'a pas esté moins regretté que le précédent, d'autant plus qu'il estoit un excellent prédicateur, d'un naturel affable et libre à tous. Il a

(1) A ajouter également à la liste de M. Grégoire. Les registres n'ont que quatre signatures de ce curé (1669).

(2) Sa première signature est du 11 décembre 1669.

(3) Le 9 mars 1679.

(4) Dates extrêmes des actes signés par le curé Dumas : mars 1679-23 avril 1680.

(5) Le 1er juin 1680.

(6) Ce paragraphe et le suivant sont de la main du curé Blanchard.

fondé un service annuel et perpétuel pour le repos de son âme en ladite église, qui se doit faire tous les ans au mois de... (1).

Me Jehan (2) Blanchard, natif de la ville de la Chastre en Berry, a pris pocession de ladite cure le septiesme jour de décembre 1686.

Messire Jean Blanchard, curé de Montmaraud, est décédé le 3 février 1733, âgé de 76 ans. A esté curé dudit Montmaraud 46 ans et deux mois et a bien fait son debvoir dans sa paroisse, et a esté regretté de tous ses habitans, et a donné à ladite esglise une chasuble de satin blanc en broderie d'or et argent avec sa garniture, et au derrière de ladite chasuble il y a une Notre-Dame en broderie d'or fin.

En 1733, le cinq mars, messire Gilbert Frade, curé de Dun-le-Roy, a pris possession de la cure de Saint-Estienne de Montmaraud (3).

(1) Phrase inachevée dans les deux copies.

(2) C. Grégoire, p. 42, lui donne le prénom de François.

(3) Cette note et la précédente sont du notaire Joly. Bien que placées aux pages 85 et 118 du *Calendarium* qui correspondent aux 3 février et 5 mars, j'ai cru devoir les rapprocher du *Catalogue* des curés, qu'elles complètent. — Le dernier acte signé par le curé Frade, *aliàs* de Frade, est du 18 mars 1760. Son successeur fut Claude Roux. On ne rencontre pas la signature de ce dernier avant le 1er août 1766 ; la plupart des actes, sous son administration comme sous celle de ses prédécesseurs, sont signés par les vicaires. C. Roux était encore curé de Montmaraud en 1792.

9 avril. — Ce jour, 1579 (1), morust la Beauffort, damoizelle Huguette Narien, femme de Jehan Forestz, sieur de Beaufort.

23 décembre. — Ce jour, 1588, à Blois fust tué le duc de Guise et le cardinal son frère.

2 avril. — 1589, St-Bonnet pris (2).

10 avril. — 1589, St-Bonnet démantelé.

26 avril. — Le [xx]VIe apvril 1589, fust la trêve en-

(1) Chazaud a hésité sur la lecture de cette date et a proposé aussi : 1589. Cette note n'est pas reproduite dans la copie B.

(2) Cette chronique et les suivantes se rapportent aux opérations de l'armée royale contre la Ligue. Voy. à ce sujet : E. Bouchard, *les Guerres de religion en Bourbonnais*, dans *Assises scientifiques du Bourbonnais*, 1866, p. 501 ; A. Vayssière, *Saint-Pourçain pendant la Ligue*, dans *Annales bourbonnaises*, 1887, p. 249 ; H. Faure, *Histoire de Moulins*, 1900, t. 1er, p. 105 et suivantes. A noter aussi quelques lignes sur les sièges des châteaux de la Chaussière (25 mars 1589) et de Montfand (6 mai 1589) dans les registres paroissiaux de Vieure et de Contigny, et sur le siège de Saint-Pourçain (octobre-novembre 1591) également dans les registres de Contigny. Le *Montmaraud* de C. Grégoire ne mentionne pas le siège de Murat, non plus que ceux du Montet, de Saint-Bonnet-de-Four et de Villefranche dont il est question dans ces chroniques.

tre le roy Henry 3 et Henri de Bourbon, roy de Navarre, et commença la guerre des Lorrains et de la Sainte-Union (1).

1er aoust. — Ce 1er [aoust] 1589, fust tué au boys de Vincennes Henri 3, roy de France, par un jacobin (2), et luy succéda Henry 4, roy de Navarre.

10 novembre. — Ledit jour, 1589, le château de Murat fut pris et détruit.

30 novembre. — Ce jour, 1589, fust la ville de Montmaraud de nuit prise par Chalus, pillée et saccagée (3).

En l'an 1589, le château de Chantelle fut pris et razé (4).

6 février 1590. — Chalus à Souvigny (5).

14 janvier. — Le dimanche, 14 [janvier 1590 ?], fust la ville du Montet prinse par les troupes de Mr de Chazeron (6).

(1) Voy. dans Isambert, *Recueil général des anciennes lois françaises*, t. XIV, p. 645, les « lettres d'armistice avec le roi de Navarre comme chef des Huguenots », données à Tours, le 26 avril 1589.

(2) Jacques Clément.

(3) Voy. C. Grégoire, *Montmaraud*, p. 20.

(4) Cette destruction du château de Chantelle ne doit pas s'entendre d'une façon absolue. Voy. plus loin sous la date 1635.

(5) Lecture incertaine. Chazaud proposait : Chalus ou Chazeron. La copie B laisse un blanc à la place de ce nom.

(6) Cette chronique est, d'après Chazaud, de la même main qui a écrit les notes du manuscrit jusqu'à 1595. Le 14 janvier tombe un dimanche en 1582, 1590, 1596, etc. En 1596, Chazeron n'était plus gouverneur du Bourbonnais (Cf. H. Faure, *Hist. de Moulins*, t. II, p. 548) ; comme on ne voit pas à quel propos le Montet aurait été assiégé en 1582, on peut vraisemblablement dater ce fait de 1590 et le rattacher aux événements de la Ligue.

12 février. — Ledit jour, 1590, Montmaraud fut détruite.

13 février. — Chaslus clost [ceinst ?] Montmaraud.

25 juillet. — Ledit jour, 1590, le fort de St-Bonnet-de-Fours fut détruit et razé.

Octobre. — Au présent mois, en l'année 1595, le 28e jour, la ville de Villefranche a esté prise et razée (1).

1er décembre. — Le mercredy, premier jour de décembre 1604, environ une heure et demye du soir, est né Louys Bonnet, mon fils, lequel a esté baptisé sur les fonts baptismalles de l'esglise de Saint-Estienne du présent lieu de Montmaraud par messire Lancellot [Mesténier], prestre, curé dudit lieu, le cinquième jour dudit moys, jour de St Sabyn (2). Et ont esté ses parain et marayne noble Louys de Rollat, escuyer, seigneur de Marzat et Brujat (3), et marayne Jehanne Bonnet, ma sœur, femme à Me Pierre Martinat. En tesmoin de quoy je signe :

D. Bonnet.

Ledit Louys Bonnet, mon filz, est déceddé au chastel de Puy Guillon, y demeurant, le deulxiesme novembre 1650, jour des trespassés, et amené en ceste ville et enterré au semityère dudit lieu avec Jehan Bonnet, son frère. Dieu veuille avoir leur âme !

---

(1) Fait non signalé dans Maillat, *Géographie, Histoire de Doyet, Montvicq, Bézenet, Villefranche*, Montluçon, 1894, in-8°.

(2) Lire : Saint Sabas, abbé et fondateur de monastères en Palestine, mort le 5 décembre 532.

(3) Voy. quelques documents sur Louis de Rollat aux Archives de l'Allier, E. 101 et 102.

7 septembre. — Ledit jour, 1606, veille de Notre-Dame, la chambre, grange et estableryes de Berthomier Tourrel brusla, laquelle grange estoit pleine de bledz et foingt.

Brusla aussi la grange et estableryes de Me Fr. Cluzel et le dommaine de dame Louyze de Mures (?) et la grange de la veuve et héritiers feu Estienne Jacquet et la maison et estables de André et Louyze Guernier. Laquelle perte fut estimée de 2.000 livres.

Août. — Le susdict moys, en l'année 1607, il y eust grande dyssenterie en ceste ville de Montmaraud, de laquelle mourust plusieurs personnes entre autres Me Lancellot Brachet (1), etc.

1er septembre. — Audit moys, en l'année 1607, y eust grande dyssenterie en ceste ville de Montmaraud, de laquelle mourust plusieurs enfans et autres personnes notables, du nombre desquelles furent Me Lancellot Brachet, Me Jacques Laudin et la fille de Mr le médecin Brachet (2) qui c'estoit seullement retiré un moys auparavent en ladite ville.

14 mai. — Ledict jour, en l'année mil six cens dix, fut tué Hanry quatriesme, roy de France et de Navarre, par ung nommé Françoys Ravailhac, angoumoys, lequel lui donna deux coups de cousteau dans son carrousse.

15 octobre. — Le xve octobre 1610, jour de vendredy, est née Marye Bonnet, ma fille, entour les quatres heures du matin, laquelle a esté baptizée sur les fonts baptis-

(1) Peut-être lire : Bachot. Voy. p. 27, n. 1.
(2) Voy. plus loin, p. 27, n. 1.

malles du présent lieu de Montmaraud par Mre Lancellot Mesténier, curé dudict lieu, le dimanche, XVIIe jour du dict moys. A esté son parrin Me Jehan Bertoullet, et marène Marye Bonnet, filhe *(sic)* de Me Damert.

D. BONNET.

Le XXIXe décembre dudict an 1610, ladicte Marye Bonnet est déceddée et fut enterrée le XXXe dudict moys.

21 février. — L'an 1611, les habitans de Montmaraud donnèrent au charpentier et au couvreur dix huit cens livres pour rebatir l'église qui avoit été presque ruinée pendant la Ligue.

Sur la susdite somme, fut donnée celle de trois cens vingts livres aux massons pour leur peine seulement, au menuisier 60 livres pour le lambry, pour la charpante 575 livres.

4 juin. — Le lundy, quatriesme jour de jung mil six cens douze, est né Anthoine Bonnet, mon filz, entour les unze heures du soir, lequel a esté baptizé sur les fonts baptismalles de Montmaraud par messire Lancellot Mesténier, prestre, curé dudict lieu, le dixiesme jour dudit moys, jour de Pentecoste. Et a esté son parrin Anthoine de Serre, chevalier, seigneur dudit lieu, et sa marayne dame Marguerite Collas, femme à noble Gaspard Brachet (1), docteur en médecine.

D. BONNET.

Le dernier jour d'aoust 1622, ledit Anthoine Bonnet a esté confirmé par M[r] l'archevesque de Bourges, nommé Rollandus (2).

(1) Probablement faut-il lire : Bachot. Gaspard Bachot, né vers 1550, mort vers 1630, avait épousé Marguerite de Rollat (d'après C. Grégoire, *Montmaraud*, p. 72.)

(2) Au sujet de cet archevêque, voy. plus loin p. 30, n. 2.

Au mois d'aoust 1645, il est déceddé en l'armée qui estoit en Allemagne (1).

29 septembre. — Le jour de St-Michel de l'an 1617, Mr Zamet (2), seigneur de la chastellenie de Murat, vint en ceste ville de Montmaraud, auquel lieu il fut très honnorablement receu par noble Pierre Bergier, chastelain de Murat. Me Louys Aufauvre, procureur du Roy, Me Brachet (3), médecin, et aultres habitans y furent au devant de luy jusques à Varennes où je assisté.

D. Bonnet.

19 juillet. — Ledict jour, en l'année 1618, est déceddé feu Me Jehan Bonnet, mon père.

25 octobre. — Ledit jour, en l'année 1620, M[r] le Prince (4) fist son entrée à Molins.

---

(1) Vraisemblablement l'armée de Turenne et du duc d'Enghien, qui manœuvrait contre les Impériaux de Merci.

(2) Jean Zamet, baron de Murat et de Billy, gentilhomme ordinaire de la Chambre du Roi, capitaine et surintendant des bâtiments de Fontainebleau après son père Sébastien, mestre de camp du régiment de Picardie, puis maréchal de camp, fut blessé au siège de Montpellier, le 3 septembre 1622, d'un coup de canon, dont il mourut le 8 du même mois, et son corps, apporté à Paris, y fut enterré aux Célestins. (La Chenaye-Desbois.)

(3) Voy. plus haut, p. 27, n. 1.

(4) Henri II de Bourbon, prince de Condé, 1588-1646. — Le registre des délibérations de la Chambre de ville de Moulins nous a conservé la mention des préliminaires relatifs à cette entrée. On lit en effet (*Arch. comm. de Moulins*, n° 131, f° 53) à la date du 10 septembre 1620 : « Les maire et eschevins ont proposé que dès lors qu'ilz ont aprins que la volompté de Monseigneur le prince se acomodoyt à ce gouver-

30 octobre. — Ce jour, en l'année 1620, M^r^ le Prince de Condé fist son entrée à Montluçon et passa en ceste ville de Montmaraud en y allant, auquel Me Jehan *(sic)* Bergier, chastellain de Murat, fist arangue et luy présenta les clefz de ladite ville.

Fut suivy ledit jour audit Montluçon par Me Jehan Cluzel, Me Claude Berthoullet et moy, Denys Bonnet, et Jehan Bonnet, mon filz, audit lieu de Montluçon pour veoyr ladicte entrée.

27 novembre. — Ce jour décedda dame Louyze Demaras, veuve de feu Me Jehan Bonnet, mon père, au village de la Roche, en l'année mil six cens vingt, et fut enterrée le

nement et au bonheur de cette ville, bien qu'il fust en l'armée, ilz l'ont faict visiter... par le sieur de Lapelain, et ont heu responce de luy par laquelle il tesmoine le contemptement qu'il a heu d'eux... A dit... qu'il s'en alloit à Tours, et que quant le roy en seroyt party pour aller en Guyenne, il vienderoit promptement faire un tour en cette ville pour se trouver en l'arivée du roy en la ville de Bourdeaux ; et du jour d'hier ont receu lettre de mondit seigneur escripte de Poitiers, du premier septembre, par laquelle il leur donne advis qu'il a pleu au roy de le pourvoir de ce gouvernement et capitainerie du château de Molins et Chantelle, asseurant les habitans de cette ville de sa bonne volompté et qu'il espère les voir bientost, mesme dans quinze jours ou troys semaines. » — Il s'agit ici d'une des campagnes de Louis XIII contre les Protestants du Midi. — Une copie du XVIIIe siècle *(Arch. comm. de Moulins*, n° 417, f° 31) a donné du passage ci-dessus : « bien qu'il fust en l'armée », ce transcrit ingénieux autant qu'incorrect : « bien que fondant en larmes », ce que l'avant-dernier historien de Moulins a interprété, en écrivant que les maire et échevins avaient appris « avec des larmes de joie », *aliàs* « fondant en larmes » l'acceptation de Condé (t. II, p. 131 et 548). — Je n'ai trouvé aux Archives de Moulins aucun détail relatif à l'entrée même de M. le Prince.

lundy, trentiesme jour desdiz moys et an, au sanctuaire de ceste ville de Montmeraud.

29 novembre. — Ce jour, premier dimanche de l'advent 1620, Me Michel Pain, fabricien de ceste ville de Montmeraud, fist amener de Mollins le tableau de saint Michel qui est sur le grand autel, qui a esté donné par monsr Zamet, seigneur de ceste chastellenie.

7 mai. — Ce jourd'huy, septiesme may an 1621, la segonde cloche de ceste ville, appellée de la Passion, a esté refondue et y avoit cent treize ans qu'elle avoit esté faicte. A esté parrin d'icelle noble Pierre Bergier, chastelain de Murat, et mareyne dame Marguerite Martinat, femme de monsieur le procureur du Roy.

6 août.— Ledit jour, en l'année 1622, l'armée pyonnière mandée a esté levée en l'eslection de Montluçon par Sa Majesté pour aller à Montpellier (1). Sont passés en ceste ville de Montmaraud conduictz par Mr Favières, président en ladite eslection.

27 août. — Ledit jour de l'année 1622, la royne de France, femme de Louys XIIIe, a faict son entrée en la ville de Mollins.

29 août. — Ledit jour, 29e d'aoust 1622, Mr de Bourges, nommé Rolland (2)..., arriva en ceste ville de Mont-

(1) Le prince de Condé avait investi Montpellier le 1er août. Les *Annales bourbonnaises*, t. IV, p. 310, signalent, d'après les registres paroissiaux du Donjon, le passage, dès juillet 1622, du régiment de M. le Prince allant au siège de Montpellier.

(2) Roland Hébert, archevêque de Bourges, 1622-1638. — Quelques

maraud autour les quatre heures du soir, où estant à l'esglize, il fit une exortation et confirma plusieurs personnes.

30 août. — Le 30e aoust 1622, l'esglise du présent lieu de Montmaraud a esté réconciliée par réverendissime personne Rolland de St-Cosme, archevesque de Bourges, lequel a confirmé plusieurs personnes, entre autres Gilberte Berthoullet, ma femme, Louys et Anthoine Bonnet, nos enfans.

4 septembre. — Ledit jour [1622], la reyne mère, Marye de Médicis, veuve de Hanry le Grand, a fet son entrée en la ville de Mollins (1).

---

heures auparavant, son passage est signalé à Chamblet (Maillat, *loc. cit.*, p. 232, d'après les registres paroissiaux de Montvicq).

(1) Cette entrée, non plus que celle de la reine Anne d'Autriche qui la précéda de quelques jours, n'est pas mentionnée dans les documents des Archives de Moulins. Mais on trouve dans le registre des délibérations du temps (n° 131) quelques renseignements sur les préparatifs auxquels elles donnèrent lieu ; par exemple, à la date du 23 juin 1622, on fait lecture d'une lettre de M. le Prince, à la suite de laquelle les maire et échevins décident de se transporter à Pougues, pour faire la révérence à la reine mère, duchesse de Bourbonnais, lui offrir les soumission et obéissance des habitants et prendre ses ordres pour les cérémonies à observer en vue de sa réception (f° 81) ; puis, tout étant prêt et le jour de l'entrée de la reine restant seul à fixer, l'échevinage apprend que la reine régnante précédera Marie de Médicis, qu'il faut « desbatir » les premiers préparatifs, modifier quelques motifs de décorations ; il se résoud alors (12 août 1622), en dépit du peu de temps qui lui est ménagé, à faire tout ce qui sera possible pour la réception d'Anne d'Autriche, décidant, entre autres, que le poêle ou dais lui sera présenté et qu'il ira au devant d'elle en armes, avec les clés de la ville (fos 85-86). — La paix de Montpellier (18 octobre) permit au roi de regagner Paris ; son passage à travers le Bourbonnais, par la Palisse,

7 octobre. — Ce jour, en l'année 1622, on fit un service pour deffunct Mr Zamet, seigneur de ceste chastellenie de Murat, en l'esglise du présent lieu de Montmaraud. Ledit seigneur Zamet fut tué devant Montpellier ladite année.

21 octobre. — Ledict jour de l'année 1623 et la nuit du XXIIe jour dudict moys en ladite année 1623, il gella de telle façon que les raisins se gastèrent et ne a été fait comme point de vin. Ce fut après les IX heures.

Juillet. — Audict moys, en l'année 1626, y eust tant d'eaux que on fut empesché reserrer les foingtz et lever les bledz (1), et y eust plusieurs parroisses battues de graille.

2 août. — Ledit jour, deuxiesme de aoust en l'année 1626, il feit un tel orisse de vent qu'il emporta la moytié des bledz qui estoient sur terre, aucuns feurent battus par plusieurs foys (2).

2 novembre. — Ledit jour, deuxiesme novembre 1626, jour des Morts, la grosse cloche de ceste ville se rompit.

7 novembre. — Ledit jour, 7e novembre [1627], Me Gilbert Fradde print pocession de la cure de Montmeraud,

---

Moulins et Toulon, avec les deux reines qui étaient allées l'attendre à Lyon, est attesté par le *Livre de Raison des Goyard*, édit. R. de Quirielle, p. 35, et les registres paroissiaux du Donjon (*Annales bourb.*, t. IV, p. 310); par contre, les Archives de Moulins n'en parlent pas, du moins à ma connaissance.

(1) Le *Livre de Raison des Goyard*, p. 38, signale le même fait dans la région de Bert en termes analogues.

(2) Même constatation, p. 39 du précédent ouvrage.

à laquelle je assisté. Il décedda de la malladie, au moys d'aoust de l'année 1629 (1).

21 avril. — Ledit jour, jour de vendredy saint 1628, la grosse cloche de ceste ville fut fondue.

22 avril. — Le 22e avril 1628, la grosse cloche de ceste ville fut baptizée par messire Lancellot Mesténier, cy devant curé. Fut parrain Me François Aufauvre, procureur du Roy en la chastellenie de Murat, et maraine damoiselle Gilberte Piton, femme à noble Gaspard Bachot, docteur en médecine.

Juin 1629. — Audict moys de jung de l'année 1629, fut porté le crucifix qui a esté faict par un nommé Me Doings, de la ville de St-Claude, à l'esglise. Fust baillé le noyer, duquel il a esté faict, par Me Pierre Roussault, et moy soussigné ay baillé le boys de quoy a esté faicte la croix.

D. BONNET.

Lequieu Doings a bien demeuré deux moys à le faire et a heu douze livres pour le fère, sans ce qu'il amassa à la queste qu'il fit par la paroisse.

Le xxxe jour d'aoust 1630, ledit crucifix a esté bénist par révérendissime père Rolland Hébert, archevesque de Bourges.

Juillet. — L'année 1629, au mesme moys, y eust grande malladie contagieuze en ceste ville de Montmaraud, de laquelle sont déceddés Me Lancellot Mesténier, cy devant curé du présent lieu, Me Gilbert Fradde, curé du présent lieu, Me Jehan Bonnet, marchand de Gayecte, etc. (2).

(1) On dit un peu plus loin qu'il décéda au mois de juillet.

(2) Voy. aussi C. Grégoire, *Montmaraud*, p. 20. Pour plus de détails

25 novembre. — Ledit jour, xxve novembre 1629, jour de Sainte-Catherine, Me Guilhaumet, curé à présent du présent lieu de Montmeraud, prinst pocession de la cure dudit lieu, y deict messe ledit jour et le mesme jour y baptisa troys enfans, l'ung de cheux Gilbert Bergier, dict Parpignan, l'autre de feu Gilbert Collas le jeune, et l'autre de deffunct Michel Le Prestre.

30 août. — Ledit jour de l'année 1630, le sieur archevesque de Bourges dict messe audit lieu de Montmaraud, y confirma quantité de personnes, et apprès béneist le crucifix qu'on avoit fait fère.

Au mois de septembre de l'année 1632, ledit crucifix fut planté en ladite esglise après [avoir] esté painct le moys de juillet de ladite année.

Septembre. — Le susdit moys, en l'année 1632, l'esglise du présent lieu a esté blanchye.

Octobre. — Le susdit mois de l'année 1632, nostre esglise a esté blanchye et carronnée.

12 février. — Ledit jour, dimanche de la septuagésime de l'année 1634, Louys Bonnet, mon filz, espouza honneste fille Marye Damert.

5 novembre. — Ledit jour, en l'année 1634, je esté à Nostre-Dame de Bannelle près Charmelles, où il y avoit dix mille personnes, et estoient avec moy madamoizelle de Ron-

---

sur cette épidémie dans la région et particulièrement en Bourbonnais, voy. mes recherches sur *le Temps qu'il fit en Bourbonnais...*, ouvrage actuellement sous presse.

gières, sa fille, la cousine Marye Aufauvre et leur niepce Catherine Martinat et autres (1).

[16 novembre]. — Ledit jour [1634] est né un filz de Louys Bonnet, mon filz, et de Marye Damert, sa femme, entourt les neuf heures du matin ; lequel a esté baptizé par Me Simon Guilhaumet, curé de Montmaraud, et porté sur les fonts baptismalles de St-Estienne dudit lieu le dix-neufiesme dudit moys par Me Anthoine Damert, son père grand, qui a esté son parrin, et dame Gilberte Berthoullet, sa mère grand, sa marreyne ; auquel baptesme je assisté.

D. Bonnet.

Ledit Anthoine Bonnet, filz de Louys, mon filz, est déceddé le premier décembre de ladite année 1634, entourt les deux heures après midy.

Juin. — Audit moys, en l'annëe 1635, les chasteaux de Chantelle (2), Montégut, Montpancier et aultres places fortes

(1) Voy. aussi dans F. Chambon, *la Dévotion à N.-D. de Bannelle*, Moulins, 1901, in-8°, quelques détails attestant que, dès cette époque, le pèlerinage de Bannelle était des plus courus.

(2) « Lorsqu'après l'arrêt du Parlement rendu le 27 juillet 1527, fut démantelé le palais de Chantelle, par respect pour le prieuré des Génovéfains, les trois tours qui l'appuyaient au nord avaient été conservées ; mais le cardinal de Richelieu, jugeant ce point susceptible de servir encore de boulevard à la révolte, chargea monseigneur d'Argenson, intendant de la province d'Auvergne, d'en raser les derniers forts jusque dans leurs fondements (lettres patentes données à Saint-Germain-en-Laye, décembre 1633) » (Boudant, *Histoire de Chantelle*, Moulins, 1862, in-4°, p. 84-85). Il n'est donc pas exact d'écrire que « tous les ouvrages d'histoire et de géographie, publiés au siècle dernier, disent que le château de Chantelle fut rasé complètement après le juge-

d'Auvergne et Bourbonnois ont esté razées et abattues par le commandement du roy Louys XIIIe, roy de France et de Navarre.

Août. — Le susdict moys de l'année 1635, l'ouys (?) du clochier de ceste ville a esté raccommodé, estant tout ruyné et prestz à tumber, par Anthoine Bourdyer, m[e] tailleur de pierres, et aultres.

10 mai. — Le dixiesme de may 1636, les portes de l'esglise de ceste ville de Montmeraud furent attachées et ont

ment condamnant le connétable en 1527 » (C. Grégoire, *Bull. de la Soc. d'Emul. du Bourbonnais*, 1906, p. 93) ; d'autant plus que l'abbé Boudant a utilisé et cité l'« inventaire raisonné des papiers, titres et enseignements qui concernent le prieuré de Saint-Vincent de Chantelle », fait au XVIIIe siècle (*Arch. de l'Allier*, D. 110), duquel j'extrais ce passage (p. 210-211) : « En 1635, le sieur d'Argenson, intendant d'Auvergne, ayant été commis par Sa Majesté pour faire raser le château de Chantelle et autres places, le prix fait en fut donné à François Maissarel et Antoine Marmion, lesquels chargèrent de la démolition les nommés Antoine Chabret, Fiacre Trappet et autres. Ceux-cy présentèrent requeste audit sieur d'Argenson pour que les pères Jésuites fussent assignés par devant luy et que eux massons, ensemble leurs adjudicataires, ne fussent tenus de dommages et intérests envers lesdits pères Jésuites, s'il arrivoit par cas fortuit que les moulins desdits pères fussent endommagéz par la chute et ruine de la tour Charles, qu'ils avoient ordre de démolir... » ; enfin « intervint l'ordonnance dudit sieur d'Argenson qui régla que les pilotis seront placés de manière que la chute de ladite tour Charles ne causera aucun dommage aux moulins des ditz pères Jésuites. Cette ordonnance est du 27e avril 1635 ». — Les pièces visées ici (requête des entrepreneurs, ordonnance de l'intendant) et autres relatives à l'affaire (requête des Jésuites, estimation des moulins, procès-verbal de démolition) constituent la liasse D. 78 du même dépôt.

esté faictes par Gilbert Guilhaumin, m^e charpentier, et Me Anthoine Thévenet, menuzier.

Me Simon Guilhaumet est à présent curé de ladite ville.

13 mai. — Le XIIIe jour du présent moys de may de l'année 1636, Marye Damert, femme de Louys Bonnet, mon fils, accoucha d'un fils cheux Me Anthoine Damert, son père, à Villefranche.

28 juin. — Ledit [XX]VIIIe jung 1636, veille St-Pierre, il fit une telle orisse de vant qu'il feit tomber grande partye des fruictz qui estoient sur les arbres, et même en beaucoupt d'endroictz les bledz s'égrenarent (1).

Et la mesme année, il n'y eust guères de menuz bledz et potager, accauze de la sescheresce.

1er août. — Ledit jour, en l'année 1636, la foudre tomba sur le clochier de ceste ville.

16 août. — Le sabmedy, 16e dudit moys d'aoust 1636, la compagnie de Mr de Saint-Geran (2), gouverneur du pays de Bourbonnois, s'assembla en ceste ville de Montmaraud et y demoura un moys (3).

Septembre. — Ledit mois de l'année 1636, Me Pierre

(1) Le *Livre de Raison des Goyard*, p. 56, a noté cet ouragan et ses conséquences économiques en termes équivalents, pour la paroisse de Bert.

(2) Claude-Maximilien de la Guiche, fils de Jean-François et d'Anne de Tournon, décédé au château de Moulins, le 30 janvier 1659.

(3) Les passages et les séjours des gens de guerre, à Montmaraud, étaient fréquents et constituaient pour le pays une très lourde charge.

Rousseau fit peindre la chapelle des fontz baptismalles de l'esglise du présent lieu de Montmaraud, ainsi qu'elle est de présent, par un paintre de Montagut.

11 février. — Ledit jour, en l'année 1637, la compagnie de Mr le comte de Manicci (1) est entrée en garnizon en ceste ville et y a demeuré jusques au XXIe avril audit an 1637, qu'elle est partye de ce lieu pour aller à Chantelle.

10 mai. — Ledit jour de l'année 1637, feit entour les trois heures du soir du tonnerre qui tua quatre grosses bestes bovines à Me Pierre Rousseau et à Richard Bonnichon.

Juin. — Aulx moys de may et juing de l'année 1637, nostre clochier a esté cimanté et raccommodé du mal que la foudre y avoit faict l'année précédante 1636, et la tour dudit clochier griffonnée comme aussy tout le devant de l'esglize du présent lieu de Montmaraud.

11 février. — Ledit unziesme febvrier 1638, Mr de Saint-Geran, gouverneur de Bourbonnoys, a fet son entrée à Molins (2).

17 avril. — Le samedy, XVIIe dudit moys d'avril 1638, Marye Damert, feme à Louys Bonnet, mon filz, s'accoucha entour l'heure de minuict d'ung filz, lequel fut baptizé sur les fondz baptismalles de Villefranche le mardi XXe dudit moys [par] Me Cluzel, chanoyne de Monsenoux. Duquel a esté

(1) Si la leçon est certaine, il s'agirait de la famille de Manissi, originaire de Savoie. La copie B a laissé en blanc le nom du comte.

(2) Le registre dit du cérémonial (*Arch. comm. de Moulins*, nº 417) ne mentionne pas cet événement.

parrin Me Denys Bonnet, père dudit Louys, et marreyne... Aubertes, femme Gilbert Grangier, marchant de Villefranche. Il est deceddé le... et fut enterré le xxviiie dudit moys et an 1638.

15 juillet. — Audict mois, en l'année 1639, la gresle fit grant mal à Montvic, Louschy, La Roche de Branssact et ailleurs, comme aussy aux bledz.

29 septembre. — Ledit jour Saint-Michel 1639, madame Henriette est déceddée entour les neuf heures du matin.

13 juin. — Ledit jour, entre les huit et neuf heures du matin, il y eust un tumulte à Molins (1), où il y fut tué six à sept hommes, entre aultres un nommé Puesche, qui levoient sus les aydes et aultres choses... l'année 1640. A raison duquel, au moys d'aoust segeant, y eust des habitants des faubourgs d'Allier pandus, entre aultres un nommé Rivère (?)...

4 août. — Audit moys, en l'année 1640, il y eut un tumulte à Mollins.

16 octobre. — Ledit jour, xvie octobre, en l'année 1640, au fort des vandanges et des sepmailles, il negea et gella fort (2).

(1) Je ne trouve pas mention de cet événement dans les Archives communales ni dans l'*Histoire de Moulins*. Voy., pour plus de détails, le *Livre de Raison des Goyard*, p. 61-63. L'*Annuaire du département de l'Allier*, pour 1816, classe à tort cet événement en 1645 (p. 91).

(2) « Ladite année 1640, le 16 octobre, a faict une gellé sy forte, qu'elle a gellé deux doibs d'espais » (Registres paroissiaux de Saint-Genis-les-Ollières, Rhône.)

24 septembre. — Ce jour, 24 septembre 1641, il gella de telle fasson que les vignes estant prestes à vendanger, ...? et on vandit le thonneau de vin blanc IIII^{xx} livres tournoiz.

11 février. — Le XIe de febvrier 1642, le roy Loys XIIIe, roy de France, arriva à Mollins et y séjourna un jour, allant à Lyon (1).

27 mars. — Ledit jour, 27e mars 1642, est né, entour demy heure après midy, une fille à Anthoine Bonnet, mon filz, et de Marguerite Chaulvyn, sa femme, et fut baptisée sur les fonts baptismalles de cette ville à Montmaraud par Me P. Vigier, prestre, et y a esté nommée Gilberte. Mr P. Pinel, docteur en médecine, a esté son parrain, et Gilberte Berthoullet, ma femme, marraine.

D. Bonnet.

Le 22e jung audit an, elle est décédée et a esté enterrée au semityère du présent lieu le mesme jour.

6 juillet. — Le dimanche, VIe dudit moys de juillet de l'année 1642, il fit un vent et orisse qui abatit... les pesches... et les noyaux et fruictz qui estoient sur les arbres, jusques aux serizes.

20 janvier. — Ledit jour, XXe janvyer de l'année 1643,

(1) L'*Histoire de Moulins* ne parle pas de ce séjour. Le curé de Trevol, dans son registre de baptêmes de février 1642, signale la naissance d'une fille de sa paroisse le « mardy, unziesme du présent mois, jour auquel Louis treiziesme du nom, roy de France et de Navarre, passa à la Perche, allant à la conqueste du reste de la Catalogne ». Ce passage du roi est également visé, mais sans préciser le jour, dans le *Livre de Raison des Goyard*, p. 66.

la compagnie de M[r] d'Ambures entra en garnison en ceste ville de Montmaraud, en laquelle elle a demeuré troys moys (1).

14 juillet. — Ledit jour, 14e jullet de l'année 1643, on fit un service en ceste ville de Montmaraud à l'intention du deffunct Loys XIIIe, roy de France et de Navarre.

Et le même jour décedda Catherine Collas, femme de Me Aymé de Locyer (?).

29 décembre. — La nuit dudit jour, en l'année 1643, est né Claude Bonnet, filz d'Anthoyne Bonnet et de Marguerite Chaulvyn, ses père et mère, et fut batizé le xxxe dudict moys. Et fut son parrain Me Claude Chabrier et mareyne dame Jehanne Vigier. Et fut baptizé par Me Simon Guilhaumet, curé dudit lieu de Montmaraud.

10 août. — Le xe jour dudit moys, en l'année 1644, révérendissime Pierre Hardy de Villiers, archevesque de Bourges, vint coucher en ceste ville de Montmaraud (2).

11 août. — Ledit jour, en l'année 1644, ledit R.

(1) On remarquera la concordance de cette note avec la suivante publiée par G. Grassoreille, dans la *Revue bourbonnaise*, t. 1er (1884), p. 283, d'après les reg. par. de Cérilly : « Le mardy vingtième jour de janvier 1643, la compagnye de gens de cheval de Monsieur de Rambure est délogée de ce lieu de Cérilly pour aller en garnison à Montmarault, laquelle compagnye est entrée en garnison en ceste ville de Cérilly le quatrième jour de décembre dernyer ». — Voy. la généalogie de la famille de Rambures dans le P. Anselme, *Histoire généalogique...*, t. VIII, p. 65.

(2) Pierre de Hardivilliers, archevêque de Bourges, 1643-1649. — Il avait confirmé à Saint-Menoux les 4, 5 et 6 août précédents (registres paroissiaux de Saint-Menoux.)

P. Hardy [de] Villiers, archevesque de Bourges, confirma plusieurs personnes en l'esglise du présent lieu de Montmaraud.

31 janvier. — Ledit jour, en l'année 1645, il thonna et fit des esclairs et une telle orage de vant qu'il descouvrit grande quantité de maisons en ceste ville de Montmaraud, et mesmes abatit plusieurs clochers et par exprès celuy des Graves (?) et Doul... et plusieurs autres (1).

16 août. — Ledit jour, xvie aoust 1645, jour de mescredy, le quarton de soille, mesure marché du présent lieu de Montmaraud, a vallut x solz, et le quarton de farine de soille, à cauze de la seschereschequi a esté si grande la présente année, a esté vandu ledit jour 15 solz. Et mesme les puys de la ville estoient quasy tous tansrys.

23 août. — Ledit jour, en l'année 1645, la veille de la St-Barthélemy, le régiment de Mr de Sauvebœufz estant logé en ceste ville, partant pour aller au Montet, fut passé par les armes un soldat pour s'en estre voullu aller.

29 septembre. — Ledit jour, jour de Sainct-Michel, 1646, sont arrivés en ceste ville de Montmaraud les pères de la

(1) Cette chronique est classée à la page 80 du registre, qui correspond bien au 31 janvier. Je pense cependant que sa date de jour doit être acceptée sous réserve, car un phénomène atmosphérique analogue (vent impétueux, chute de clochers) est daté du 29 janvier 1645 par les curés de Cérilly et de Commentry, dans leurs registres paroissiaux. La leçon de la dernière ligne est douteuse. La copie B propose *Igrande*, au lieu de *Des Graves;* mais on lit en marge que cette lecture est incertaine; les registres paroissiaux d'Ygrande ne font d'ailleurs aucune mention d'un tel événement.

Mission, l'un nommé père Benoist et l'autre père Pierre, qui ont presché et confessé l'espace de trois sepmaines et plus.

23 octobre. — Ledit jour, XXIIIe octobre 1647, le tabernacle qui est en l'esglise du présent lieu fut amené de Montluçon, et le vendredy, XXVe dudit moys audit an, fut mys sur le grand autel de ladite esglise où il est à présent.

Le susdit jour de vandredy, M[r] le duc de Vantadour et madame sa femme est venu au présent lieu, duquel lieu ilz partirent pour aller à Molins (1).

12 juin. — Ledit XIIe jung 1648, est arrivé en ceste ville M[r] le marquis d'Antyn, seigneur de la chastellenie de Murat (2), et madame sa femme, au devant desquels on alla [avec] trois vingtz arquebuziers ou piquiers jusques aux Guilhaumetz.

Mai. — Audit moys, en l'année 1650, le clochier de ceste ville fut cimanté et achevé au moys de juin de ladite année.

---

(1) Charles de Lévis, duc de Ventadour, et Marie de la Guiche, fille de Jean-François, gouverneur de Bourbonnais, seigneur de Saint-Geran, la Palisse, etc., et de Suzanne Aux Epaules.

(2) « La châtellenie de Murat a été engagée à la dame de Zamet, femme séparée de M. le marquis d'Antin, le 14 août 1645, moyennant 60.000 l. » (Le Vayer, *Mémoire de la Généralité de Moulins, 1698*, publ. par P. Flament, Moulins, 1906, p. 134.) Il s'agit, dit M. Flament, de Roger-Hector de Pardaillan-Gondrin, marquis d'Antin et de Montespan, qui avait épousé Christine Zamet, fille de Jean, baron de Murat, gouverneur de Fontainebleau.— Sur Jean Zamet, voy. plus haut, p. 28 et 32. Il avait eu un fils, Jean, mort à Compiègne le 16 janvier 1636, à l'âge de 22 ans, qui fut inhumé aux Célestins de Paris.

Juin. — Audit moys, en l'année 1650, le clochier de l'esglise du présent lieu de Montmaraud a esté achevé de simenter.

4 novembre. — Ledit jour de l'année 1646, les pères de la Mission, savoir père Benoist et père Pierre, firent planter la croix qui est sur la motte du chasteau, où il y avoit plus de mille personnes, entre lesquelles y avoit huict vingt filles, tant de la ville que des villages circonvoisins habillées en relligieuzes tout de blanc, qui chantoient les litanyes du nom de Jésus et les commandemens de Dieu.

30 juillet. — Ledit jour, 30e juillet 1650, le chasteau de Cosne a esté prins par Mr le marquis de Perssan (1) et le comte de Chasteauneuf. Ledit comte de Chasteauneuf y demeura et tint garnizon dans icelluy, courut le bœuf et la vache, prins prisonniers et fit contribuer toutes les parroisses de la chastellenie de Murat et aultres parroisses, et gardoient les grandz chemains, ce qui dura durant quatre moys et plus. Et fust ledit Cosne et le contenant que tenoit lesdiz seigneurs reprins par Mr de Saint-Geran (2), gouverneur de ce pays de Bourbonnois.

Août. — Audit moys de l'année 1652, dame Jehanne

(1) Le marquis de Persan commandait les troupes de la garnison de Montrond pour le parti des princes. — Le plus récent article sur *La Fronde en Bourbonnais* a paru, sous la signature de C. Grégoire, dans les premiers fascicules des *Archives historiques du Bourbonnais*, t. 1er (1890). Cf. d'autres travaux de Bouchard et Audiat sur cet épisode, dans les *Assises scientifiques du Bourbonnais*, 1866.

(2) Claude-Maximilien de la Guiche.

Bonnet, ma sœur, veuve de feu Me Jehan (1) Martinat, est décédée à Sazeret et apourtée en ceste ville, et a esté enterrée dans l'esglize dudit lieu de Montmaraud au tombeau dudit Martinat, son mary.

23 août.— Le XXIIIe jour dudit moys en l'année 1652, dame Jehanne Bonnet, ma sœur, est déceddée environ les quatre heures du soir à Sazeret, et a estée enterrée le XXIVe, jour de St-Berthellemy, en l'esglise dudit lieu de Montmaraud par Me Simon Guilhaumet, présent curé dudit lieu, Me Jullaiz Sauvagnet, prestre, et autres.

Octobre. — Cette année 1670, il y heus une amisiont en ceste ville de Montmaraud et a estait comansait par le révéran père Jean, aveugle, et a estait achevée par le R. P. Hurbent. On a plantait une grande crois sur le chemaint de Moulins, prosse le domaine la Couronne (2).

24 décembre. — L'année sainte a estait en 75. Elle a commensait la velle de Noielle ant l'année 1674 et a duré touste l'année 1675 : il n'y ays point d'aindulgansse cette année que dans Roume (3).

---

(1) *Alias* Pierre. Voy. plus haut, p. 25.

(2) Il s'agit d'une mission donnée par le P. le Jeune, dit le P. Aveugle, qui, d'après un document des Archives de l'Allier, établit à Montmaraud la confrérie de la Charité au temps des dames Fouquet. Il faut corriger la date de 1742 assignée à cet événement par C. Grégoire, *Montmaraud*, p. 40. — Sur le séjour des dames Fouquet en Bourbonnais, voy. un article de A. Vayssière, dans les *Archives historiques du Bourbonnais*, t. 1er, p. 139 et suivantes.

(3) Il s'agit sans doute d'un *Jubilé* octroyé par le pape Clément X à l'occasion d'un événement que j'ignore.

25 juin. — *Tali die, campana de Passione benedicta est a domino Blazio Guilhaumin, hujus loci parocho. Patrinus fuit Petrus Dubost, consul urbis, et matrina Maria Boirot, uxor Petri Vigier, civis. Anno 1677.*

2 février. — Aujourd'huy, 1680, le séminaire de Bourges a esté ouvert pour la première foys par l'ordre de messire en Dieu Michel Phélippeau de la Vrillière (1), qui célébra la messe et, *intra missarum solemnia*, la mitre en tête, fit une belle et éloquente exhortation. Il y eut sept directeurs, dont Mr Letellier, homme accompli en sainteté et en science est le supérieur, et M[r] de La Chetardie, curé.

1er juin. — *Tali die, anno 1680, reverendus Hugo Josset, curatus de Montemaraudi, investitus est a R. P. domino Michaële Phelippeaux, archiepiscopo bituricensi, a quo festis paschalibus proxime transactis ordinem sacerdotii susceperat.*

15 juin. — *Tali die, anno 1681, altare majus destructum est, habita prius licentia D.D. Michaëlis Phelippeaux, archiepiscopi bituricensis, et e medio sanctuarii, ubi erat positum, juxta parietem translatum. Et fenestræ, quæ antea erant arctiores, eodem tempore spasiosæ factæ sunt.*

12 novembre. — *Tali die, anno 1681, positum initium construendo fornici a latere altaris de Monte Carmeli.*

Mai. — *Anno 1682, constructus fuit murus cæmeterii ex sumptibus magistri Dionisii Aumaitre, dum viveret regis patroni (2), curam tenente Hugone Josset, sacerdote.*

---

(1) Michel Phélypeaux de la Vrillière, archevêque de Bourges, 1677-1694.

(2) Procureur du roi (?). La rédaction de cette phrase prouverait que le fait n'a été consigné que plus tard sur le registre.

22 juin. — A tel jour, le tonnerre est tombé sur nostre clochier, en l'an 1682. Il y a fait un peu de mal.

26 août. — *Tali die, anno 1682, effigies deaurata sancti Stephani data est a domino Petro Dubost, consule urbis, et ab urbe Lugduno, ubi facta est, in hanc urbem translata. Constat viginti septem libris (1).*

19 octobre. — En l'an 1682, Mr Pierre Dubost, consul de cette ville, a acheté les fers pour faire les hosties 22 livres (2).

31 juillet (3). — *Anno 1683, cura R. domini Hugonis Josset, rectoris, pavimentum ecclesiæ stratum est laterculis et tumbis in quinconcem dispositis. Tumbæ a cæmeterio asportatæ sunt plurimæ. Primum sepulchrum a latere dextro est domini Michelon, lapis tamen non est illius; secundum a latere dextro*

(1) Cf. C. Grégoire, *Montmaraud*, p. 39-40, et de même pour les deux notes suivantes. — Par acte passé par-devant Gilbert Aufauvre, notaire royal à Montmaraud, le curé Josset fit approuver, par les principaux habitants, la translation de l'ancienne image de saint Etienne dans la chapelle du cimetière, attendu que « selon leur demande et prière, ledit sieur curé a eu et acheté une nouvelle image de s[t] Estienne, bien faite et dorée, qu'il a placée sur l'autel dédié à leur patron s[t] Estienne, ce qui fait que l'ancienne image, qui était posée sur ledit autel, n'y peut plus être, et que d'ailleurs ils conservent encore de la vénération pour ladite image ancienne, et ne veulent point qu'elle soit enterrée ni brûlée... ». 17 novembre 1682 (*Arch. de l'Allier*, série G, Montmaraud.)

(2) Il faut peut-être lire : sols, au lieu de : livres, le chiffre de 22 livres semblant fort élevé.

(3) Il n'y a sans doute à retenir de cette date que le nom du mois, le fait ayant été consigné sur le dernier feuillet du mois où il s'est produit, mais n'ayant pu s'accomplir en un jour.

est domini Aumaistre, lapis est illius; tertius lapis est Francisci Auclert; sepulchrum quartum domini Dubost; cætera usque ad januam nullius sunt. A latere sinistro primum pertinet cum lapide a D. Aufauvre; tertius (1) lapis est Francisci Thevenet; quartus, Gaspardi Cluzet; sequens, Francisci Thevenet; V[tus] [sic] *cum sepulchro, Gilberti Auroux; sextus cum sepulchro, Joannis Bourret; cæteræ tumbæ et intermediæ in navi ecclesiæ sunt nullius.*

19 octobre. — Ce jourd'huy 1683, nous avons fait le service de Marie-Thérèse d'Autriche, décédée épouse de Louis XIV (2). Messire Henri Asse, curé de Chappe, a fait l'oraison funèbre. Nous avons dressé un lit de parade au milieu du chœur avec une tête de cire blanche, un crèpe dessus. Monsieur le chastellain et toute la justice en robe y ont assisté, et monsieur le curé de Villefranche et autres.

31 mai.— En cette année 1684, messire Hugues Josset, curé, a fait faire à Montluçon le retable du grand autel. Il coûta 240 livres d'achat; il a été posé la veille de Pentecoste (3).

En 1715, messire Jean Blanchart, curé de Montmaraud, a fait dorer ledit retable et a donné à l'ouvrier 80 livres et sa table pendant tout le tems qu'il a mis à le dorer (4).

---

(1) La deuxième tombe à gauche n'est pas désignée.

(2) Elle était morte le 30 juillet 1683.

(3) Le marché passé par Hugues Josset avec Esme Malachin, menuisier à Montluçon, pour la confection de ce retable, est du 30 juin 1683. L'artiste devait recevoir 220 livres; le curé s'engageait à le nourrir pendant le temps de la pose. L'ouvrage fut payé en deux fois : 100 livres d'abord et 120 le 20 mai 1684, c'est-à-dire le jour de la pose, la Pentecôte tombant le 21 mai en 1684 (*Arch. de l'Allier*, série G, Montmaraud.) Cf. *Montmaraud*, p. 40.

(4) Ce dernier § a été ajouté par le notaire Joly.

Mai. — En cette année 1685, a esté fait le dôme sur la porte de la ville, proche le cimetière, pour y mettre l'image de Nostre-Dame qui a esté faicte à Moulins au dépens de messire Hugues Josset et des autres habitans. Et ladite Nostre-Dame a estait bénit le dimanche de devant les Rogations par Mre Hugues Josset dans l'esgliges de St-Estienne de Montmaraud, et a estait portait en prossessiont par mestre Estienne Jossaint et Claude Joly, et ledit Joly l'a montait luit seul dans le dôme (1).

Et le 21 may 1765, a esté desmollis ledit dôme à cause des grands chemins, et ladite Nostre-Dame portée en procession à l'église de Montmaraud (2).

13 mars. — En l'année 1686, messire Hugues Josset a fait faire le cours, et le 13 de ce mois a planté de sa main le premier noyer qu'il a prit dans le jardin de la cure, qui est le plus proche de la chapelle.

Le 15e dudit mois, la plus grant partie ont estait plantét pars Simont Guilhaumain et Claude Joly, sacristain.

23 décembre. — Cestaite année 1686, la fabrique de l'esgliges de Saint-Estiaine de Montmaraud a faict faire une banière. L'estofe et le reste de ce qu'il a fallut pour la faire, à la reserve de la frang et du frangont, coûte 75 livres 2 sols 6 deniers ; et, pour la broderit, ont l'a faict faire à Bourges : ont a donné 46 livres, comprit un Saint-Esprit sur l'escuçont d'une chape rouge.

Mars. — Le 3e mars 1689, [ordonnance de monsieur]

(1) Voy. C. Grégoire, *Montmaraud*, p. 38.

(2) Ce dernier § est de la main du notaire Joly.

le marquis de Lévy, lieutenant général pour le Roy en cette province de Bourbonnois, qui fut envoyée à MM. les curéz des villes et parroisses, qui en firent la publication le dimanche suivant, par laquelle on fit asçavoir à tous gentilshommes et gens sujets au ban et arrière-ban de se tenir prêts à monter à cheval dans le 20e avril suivant, pour marcher où il leur seroit ordonné par Sa Majesté (1).

Et quelque peu de jours après, mondit sieur le marquis de Lévy mourut à Moulins, et fut embaumé et conservé dans son lict de parade avec grandes cérémonies l'espace de quinze jours environ, attendant l'arrivée de M[r] le comte, son fils, pour l'inhumer dans son tombeau : ce qui se fit ensuite avec l'assistance de la principalle noblesse du païs, qui regrettèrent fort ceste perte, et en fut faict grand dueil (2).

---

(1) Sur le recrutement forcé et l'organisation des milices en 1688 et 1689, voy. Boutaric, *Institutions militaires de la France*, Paris, 1863, in-8°, p. 452. Lire dans les registres paroissiaux de Franchesse (*Arch. comm. de l'Allier*, E supplément 28) les résistances opposées à ce mode de recrutement dans ce coin de Bourbonnais.

(2) Roger de Lévy, chevalier, lieutenant général pour le Roi en Bourbonnais, comte de Charlus, marquis de Poligny, baron de Champroux, Couleuvre, Lurcy, etc., décédé à Moulins, le 17 mars 1689 (registres paroissiaux de Saint-Bonnet et Saint-Jean de Moulins), âgé de 63 ans 10 mois et 17 jours. Le curé de Couleuvre, Jean de Vasses, lui a consacré les lignes suivantes dans ses registres paroissiaux : « A esté assisté à la mort par le R. père Vaubert, recteur des Jésuites, et a receu les sacremens de l'Eglise par le vicaire de St-Jean ; son corps a esté mis en dépost dans l'église dudit St-Jean, le samedy suivant [19 mars], à onze heures du soir, où j'ay assisté avec quantité de noblesse ; ensuitte, a esté conduit le dimanche, 27 du même mois, dans un batteau, dans l'église de Lorette, où il a esté inhumé dans la chap-

Avril. — Au mois d'avril 1689, par ordre de Louis XIIIIe, très chrestien roy de France et de Navarre, [on] a fait partir les compagnies de gens de millice d'infanterie fournis par les villes et paroisses du royaulme, qui est autant d'hommes qu'il se paye de mil livres de tailles ; dont monsieur d'Apremont (1) fit assembler sa compagnie en son chasteau de la Mothe-Villebret, dans laquelle est entré le soldat fourny par les habitans de cette ville de Montmaraud.

Mai-Juin.— Au présent mois de juin [1689], messieurs

pelle que ses prédécesseurs ont fondée, assisté de tous les corps religieux de laditte ville de Moulins, de quantité de noblesse, de messieurs de la justice et de toute la milice. Le landemain, luy a esté fait un service solemnel, monsieur le comte de Charlus présent, et, le mardy suivant, luy en a esté fait un autre dans cette église de Couleuvre, à mes frais, où j'ay fait son oraison funèbre en présence de messieurs les curés du voisinage que j'ai appelé à ce sujet. Ledit seigneur n'ayant esté malade que trois jours, estant tombé malade le lundy à neuf heures du soir, est décédé le jeudy, à dix heures trois quarts, et luy ay fermé les yeux, après l'avoir embrassé pour la dernière fois. » Son fils aîné, Charles-Antoine, comte de Charlus, lui succéda dans sa charge de lieutenant général de la province. — Complétons, à propos de Roger de Lévy, un passage laissé incomplet par l'éditeur du *Livre de raison des Goyard*, p. 82, où, après avoir raconté le passage du roi à la Palisse, le jour de saint Antoine 17 janvier (et non février) 1659, Philibert Goyard ajoute que, le même jour, le roi et sa suite sont allés coucher à Varennes, et le 19 au château de Moulins, et que le lendemain, c'est-à-dire le 20 janvier, « Monsieur de Lévy, lieutenant de la province a faict baptiser un filz, là où le roy a esté parrin et madame de St-Geran mareine ». Il s'agit de Roger de Lévy, qui mourut jeune.

(1) Jacques d'Apremont, seigneur de Noyant et de la Motte-Villebret. Cf. mon *Etude sur les anciennes mines de charbon du Bourbonnais*, Moulins, 1901, in-8°, p. 17-20.

les gentilshommes partirent sous le commandement de monsieur Des Vareines et Mr de Pui Guillon (1) reçu son cornette suivant l'ordre de S. M. pour la convocation du ban et arrière-ban.

Et le jour de Pentecoste de la même année (2), la noblesse du Lionnois est arrivée et a logé avec séjour en ceste ville de Montmaraud pour aller du costé de Poictier joindre celle du Bourbonnois.

27 mai. — Ledit jour, vendredi 1707, madame la marquise de Montespant est décédée sur les quatre heures du matin en la ville de Bourbon-les-Bains, et M[r] le marquis d'Antin, son fils, arriva une heure après ; estant parti de Paris, a fait le voyage en 24 heures de tems, et le courrier qui le fut advertir y fut aussi en 24 heures (3).

(1) François de Rollat, seigneur de Puyguillon et autres lieux. Sur la généalogie de cette famille, voy. C. Grégoire, *Montmaraud*, p. 83 et suivantes.

(2) 29 mai.

(3) Les registres paroissiaux de Bourbon conservent l'acte de décès de la célèbre favorite : « Aujourd'huy 28e may 1707, par moy curé soubsigné, a esté apporté en cette église le corps de madame Marie-Françoise de Rochechouart de Montespan, surintendante de la maison de la Reine, décédée en cette ville le vendredi 27, après avoir receu tous les sacremens, et où elle repose jusqu'à ce qu'on en dispose autrement. » (Suivent les signatures des curés et vicaires de la région, parmi lesquels Pétillon, archiprêtre et curé de Bourbon.) — Comparer cette chronique de Montmaraud avec les extraits du *Journal* de Dangeau, et des *Mémoires* de Saint-Simon, dans R. Delvaux, *Le Bourbonnais à la Cour de Louis XIV*, Moulins, 1901, p. 23 et 38. D'après Saint-Simon, le marquis d'Antin serait arrivé à Bourbon, « comme elle [sa mère] approchait de sa fin ». Louis-Antoine de Pardaillan de Gondrin, marquis d'Antin, était seigneur engagiste de la châtellenie de Murat.

Août. — L'an 1720, aux moys d'oût, le mar d'argent monoyét a vallut 120 livres ; les escut de 8 aux mar ont vallu 15 livres.

Les escut de 10 aux mart, qui ont vallut aux moys d'oût 12 livres, ont diminuét tous les moy de 30 sols par escut jusque il n'ont vallut que 6 livres l'écut (1).

25 octobre. — L'an 1722, Louis 15, roi de France, a esté couroné à Reims.

Janvier. — En 1726, le dix de janvier, il est tombé une partie de la flèche du clocher de Montmaraud et partie des fenestres dudit clocher, sans faire mal à personne.

En 1729, le 31 dudit mois, le reste dudit clocher est tombé et une des petites cloches, sans se casser ny faire mal à personne, Dieu mercy ! Les autres cloches restèrent sur la charpente.

En 1730, on a donné le prix fait pour rétablir ledit clocher à un ouvrier d'Hérisson, appelé Marchand. Il a eu pour tout fournir et la peine la somme de... *(sic)* ; et ledit Marchand a donné à Jehan Fenoyer, couvreur, pour le couvrir d'albardeaux et le noircyr avec de l'huile et noir de fumée la somme de... *(sic)*.

Ledit clocher a esté achevé en 1732.

Dans la mesme année, l'on a fait fondre une cloche qui estoit cassée. Ladite cloche s'apelle de la Passion ; son parein, Mr Gilbert Michelon, sieur de Felines, procureur du Roy audit Montmaraud, et mareine, dame Catherine Auroux de la Moutière (2), espouse de Mr Pierre Chacaton de Virlobier,

(1) Ces dépréciations monétaires se rattachent à la faillite de la banque Law.

(2) Sœur du célèbre jurisconsulte bourbonnais, Auroux des Pommiers. Voy. C. Grégoire, *Montmaraud*, p. 225.

juge et châtelain de Murat audit Montmaraud. Le fondeur de la cloche a eu pour sa façon 80 livres. Ladite cloche pèse environ neuf à dix cens.

Nota (1). — Cette même cloche a été refondue en l'année... *(sic)*. Son parain est le sieur Gilbert Malley de Rongère, châtelain de Montmaraud, et sa maraine Marie-Marguerite Guy, épouse de Gilbert Michelon, procureur du Roy dudit lieu, petit-fils du précédent.

23 juin 1772-1773. — La veille de la fête de St Jean-Baptiste, précurseur de J.-C., les enfans de la ville ramassoient dans différentes maisons assés de bois pour former un bûcher ; le soir, M. le curé et autres prêtres de l'endroit alloient en procession suivant un usage très ancien mettre le feu audit bûcher, après avoir commencé le *Te Deum*, et se retiroient en achevant cette hymne. La veille de St Jean-Baptiste 1772 et 1773, le sieur Roux curé s'est abstenu de cette cérémonie.

Le 17 juillet 1773, le nommé De La Jaquama et ses associés italiens ont commencé à blanchir la nef et les collatéraux de l'église de Montmaraud, et on leur a donné la somme de... *(sic)*. Cela a fait à peu près 5 livres par jour pour chacun.

Le 24 septembre 1774, M. Depont, intendant de Moulins, arriva à Montmaraud, prit son logement chez le sieur Michelon de Felines, son subdélégué à Montmaraud, fit le lendemain et le jour suivant, savoir dimanche et lundi, le département de Montluçon, de Guéret et d'Evaux, et partit pour se rendre à Moulins le mardy 27 septembre 1774.

(1) Ce *nota* ne figure que dans la copie B, de même que les trois notes qui suivent (1772-1774), et par lesquelles elle se termine.

Notes non datées ou à dates incertaines

17 février. — Lardy (?) va à St-Pourçain (1).

22 février. — Chaseron [à] Villefranche (2).

14 mars. — Batailhe en Auvergne.

24 mars. — Chalus *(sic)* de retour.

19 mai. — Ledit jour, jour de Pentecostes (3), le régiment de Chastelmorant logea en ceste ville et y demeurat cinq sepmaines où ilz vesquirent à discrécion et y firent une despense excessive.

22 octobre. — Le mescredy, XXIIe dudict moys d'octobre [...] (4), est né Jehan Bonnet, mon fils, lequel a

(1) La copie B donne : « Le Roy va à St-Pourçain » ; mais le copiste ne garantit pas sa lecture.

(2) Cette note et les deux suivantes se rapportent vraisemblablement aux événements de la Ligue, mais il est impossible d'en préciser l'année.

(3) Note impossible à dater : au XVIIe siècle, la Pentecôte tombe quatre fois le 19 mai (1619, 1630, 1641 et 1652).

(4) La date d'année est difficile, sinon impossible à déterminer. Le curé Méténier exerce son ministère à Montmaraud de 1604 au moins, à 1627 ; pendant ces vingt-quatre ans, le 22 octobre tombe un mercredi

esté baptizé sur les fonts baptismalles de l'esglise de St-Estienne de Montmaraud par Mre Lancellot Mesténier, curé du présent lieu, le samedy xxve dudit moys et an, jour St-Crespin. Et ont esté ces parin et mareyne noble P. Doultre, lieutenant de Murat, et dame Gilberte Berthomier, veuve feu sire Pierre Berthoullet.

D. BONNET.

En général, pourra prognostiquer de la disposition de toute l'année par la disposition du jour de Saint-Paul qui est le 25 janvier. Car, si ce jour est bos, clairs et serain, donnera espérance de grant abondance des biens de la terre. Si en se jour se montroit quelque brouillard, serat mortalité de bestes. S'il pleut ou neige fort, grandes chèretés ; s'il fait vent, se mouveront guerre et sédécions entre les peuples (1).

Les jours des dimanches, le sermon se dit entre vêpres et complies, et les jours ouvriers il se commence à 9 h. 1/2. Les jours de fêtes qut tombent dans l'avent et dans le carême, le sermon se dit *intra missarum solemnia* à la même heure que les jours ouvriers, exceptées les fêtes de Notre-Dame qu'il se dit le soir entre vespres et complies. Les jours

en 1603, 1608, 1614 et 1625. D'autre part, C. Grégoire, *Montmaraud*, p. 37, cite, comme vivant en 1616, noble Jean Doutre, lieutenant général de Murat. En supposant fautive la lecture de Chazaud, P. Doultre, au lieu de J. Doultre, cet acte pourrait se dater de 1625 ; mais, en octobre 1620, Denis Bonnet parle déjà de son fils Jean, comme l'ayant accompagné à Montluçon. Voy. plus haut, p. 29.

(1) Cette note est tirée de la page 74 du manuscrit original ; la suivante, de la page 404. Chazaud n'en indique pas l'auteur. La copie B ne les reproduit pas.

ouvriers, on dit une messe avant la prédication et une autre après. S'il s'en disoit quelqu'une avant celle qui précède immédiatement le sermon, on ne la sonne point. Pendant l'avent, on ne fait point le catéchisme le dimanche, mais le mardy et le vendredy. Pendant tout l'avent, le *Benedicamus Domino* se chante à la messe et à vêpres sur le ton de *Conditor* (1).

(1) Hymne du premier dimanche de carême : *Audi, benigne Conditor.*

APPENDICE

LES notes qui vont suivre n'étaient pas destinées dans ma pensée à être publiées sous cette forme. Elles devaient simplement servir d'éclaircissements à la chronique, que je rêvais mieux mise au point, des curés et des bourgeois de Montmaraud. Ce sont, en effet, des notes prises à la hâte, au temps où j'étais archiviste de l'Allier, des points de repère assez peu précis, auxquels je me réservais de revenir en temps voulu. J'avais compté sans les hasards des promotions administratives !

J'aurais fait depuis bon marché de ces notes, où l'on n'aura pas de peine à découvrir des fautes de noms et de dates — mais cet avertissement sera mon excuse, — si j'avais trouvé plus complète l'utilisation des sources locales par le plus récent ouvrage sur Montmaraud.

A la vérité, un certain nombre de documents conservés en originaux aux Archives de l'Allier, notamment dans la série G, se retrouvent dans le recueil du curé Josset, aux Archives communales de Montmaraud, et ce recueil n'a point été négligé ; mais il ne renferme qu'une partie des titres ecclésiastiques qui pouvaient être consultés, et ne dépasse pas — et pour cause — l'année 1686. Quelques documents de la série D des Archives de l'Allier, relatifs au collège, ont été également mis en œuvre. D'autres séries auraient pu être explorées avec le même bonheur.

Je veux montrer aussi que, quoi qu'on ait écrit à ce propos (1), les archives locales ne sont pas si pauvres en documents sur Montmaraud qu'on semble le dire ; les deux cartons de titres sur le Montmaraud ecclésiastique de l'ancien régime, que conserve la série G des Archives de l'Allier, sont assez intéressants, et constituent, en tous cas, pour une monographie de Montmaraud, une source utile pour un chercheur averti. On y trouve, du xve au xviiie siècle, des titres sur les curés et les communalistes, les fondations, les réparations à l'église, son mobilier ; 14 cahiers de comptes de la fabrique depuis 1679, des pièces à l'appui de ces comptes ; un livre de recettes du curé G. de Frade, 1753-1763 ; des titres et des comptes des confréries du Scapulaire, du Saint-Sacrement, de Saint-Eloi, de Notre-Dame de Pitié, et de la Charité.

A la vérité, cette énumération ne constitue qu'un des côtés de la question : le côté ecclésiastique. — Il y a d'autres points de vue : la série A possède quelques terriers de la châtellenie de Murat, où l'histoire de Montmaraud est intéressée ; la série B, divers registres de justice de la même châtellenie dont le siège fut transféré à Montmaraud dès la seconde moitié du xviie siècle ; la série C, plus de 40 registres du contrôle des actes et du centième denier du bureau de Montmaraud, où, à défaut des minutes notariales, la patience permet de découvrir des analyses souvent suffisantes des actes passés dans cette région pendant tout le xviiie siècle ; la série D, quelques titres sur le collège,

(1) *Bull. de la Soc. d'Emul. du Bourbonnais*, 1906, p. 487.

utilisés en partie, je l'ai reconnu ; la série E, quelques minutes de notaires de Montmaraud.

Je donne donc ces extraits, comme je les possède, en les complétant de quelques autres notes prises, soit à Montmaraud, dans les archives de la mairie et de l'hôpital, soit dans les papiers que M. Thonnié a mis très libéralement à ma disposition. Lorsque je n'indique pas ma source — et c'est le cas le plus général — c'est que le document se trouve dans le fonds de la cure de Montmaraud, à la série G des Archives de l'Allier; dans le cas contraire, je donne la référence à la suite de chaque analyse. Ces documents n'étant pas définitivement classés, sauf ceux des séries A et D, il m'a paru plus commode de fondre le tout dans l'ordre chronologique.

Ce catalogue d'actes n'est pas complet: je sais que j'ai négligé certains papiers de la série G. Il n'est pas non plus exempt de fautes. Néanmoins, tel qu'il se présente, avec ses lacunes et ses erreurs, il apparaîtra peut-être comme une contribution encore utile à l'histoire de Montmaraud.

1441-1442 :

Terrier des cens et rentes dus au duc de Bourbonnais en la ville de Montmaraud.

(Arch. de l'Allier, A. 132.) (1)

28 juin 1470 :

Echange entre deux bourgeois de Montmaraud de deux bancs de boucherie audit lieu, avec soulte de 100 sols tournois pour la plus-value de l'un d'eux.

1549-1780 :

26 avril 1549. Dotation, par Gilbert Pain, prêtre de Montmaraud, de la chapelle fondée par lui dans le cimetière du lieu. — Consultations d'avocats de Bourges et Moulins au sujet de la propriété de Pré Ferrand. Remboursement de la rente due sur le dit pré, en 1780.

19 avril 1555 :

Acensement, par Lancelot Forest, curé de Montmaraud, et les communalistes de son église, à Jean Delaborde, marchand de Montaigut-en-Combraille, moyennant 40 sols par an, d'une place et muraille à Montmaraud, avec le droit d'y faire, les

(1) Voy. aussi divers terriers de la châtellenie de Murat, xve et xvie siècles *(Arch. de l'Allier,* A. 131, 133-137).

jours de foires et marchés, bancs pour vendre marchandises, et de la louer à d'autres marchands.

5 mars 1559 :

Bail à cens pour 29 ans, par les curé et communalistes de Montmaraud, à Jean Brun, marchand boucher, d'une maison avec jardin, moyennant la somme de 55 sols tournois.

1er novembre 1574 :

Fondation du collège de Montmaraud (1), par Catherine Auvergnat, veuve de Simon Malley, sieur de Concise, bourgeoise de Montmaraud.

(*Arch. de l'Allier*, D. 144.)

13 mai 1583 :

Donation de 10 livres tournois de rente audit collège, par la même (2).

(*Arch. de l'Allier*, D. 144).

4 janvier 1595 :

Fondation de prières en l'église de Montmaraud, par François Berthomier.

26 juillet 1599 :

Testament d'Antoinette Johannard, femme de Philippe Jabot, par lequel elle lègue à l'église Saint-Etienne de Montmaraud une rente de 15 sols tournois, à charge d'une grand'messe annuelle pour son anniversaire.

XVIe siècle :

Inventaire mutilé des titres appartenant aux communalistes

(1) Voy. C. Grégoire, *Montmaraud*, p. 43.

(2) *Ibid.*, p. 45.

de Montmaraud. Les pièces qui y sont indiquées sont en général du XVIe siècle ; quelques-unes seulement remontent au XVe.

XVIe siècle :

Extrait du terrier de la châtellenie de Murat : cens dus au Roi, payables en son grenier de Montmaraud, par les chapelains et communalistes ; etc.

1601 :

Fonte des cloches de Montmaraud.

1616, 1697 :

9 novembre 1616. Concession d'un droit de banc et de sépulture dans l'église de Montmaraud, à Antoine de Sarre, écuyer, sieur dudit lieu, par la communauté des habitants représentée par Lancelot Méténier, curé, Etienne Aupierre, communaliste, Jean Bergier, châtelain de Murat, Gaspard Bachot [médecin], François Aufauvre le jeune, procureur du Roi en la châtellenie, Charles Martinat, Michel Pain, Antoine Bonnet et Jean Duchon, consuls ; Jean Bonnet, avocat, Denis Bonnet et autres bourgeois. — 25 juin 1697. Confirmation du droit cidessus en faveur de Mathieu Aumaistre, conseiller du Roi au présidial de Moulins, ancien échevin de Lyon, seigneur de Sarre, paroisse de Blomard, par Léon Potier de Gesvres, archevêque de Bourges, étant « audit château de Sarre, dans le cours de notre visite ». (Acte daté par erreur du mardi 25 juillet 1697, au lieu de juin, le titre primitif ayant été exhibé en vertu d'une ordonnance archiépiscopale rendue à Montmaraud le dimanche 23 juin précédent ; voy. plus loin, sous cette date, le procès-verbal de visite.)

(Papiers de M. Thonnié.)

18 février 1617 :

Sentence de la châtellenie de Murat condamnant les héritiers de Catherine Auvergnat à payer les arrérages par eux dus pour les réparations du collège.

1617 :

Annonce de la vente du droit de banc dans l'église, pour le prix en être affecté aux réparations de l'édifice.

11 mars 1620 :

Constitution d'une rente de 30 sols, par Michel Pain, fabricien, et vente à Gaspard Bachot, conseiller et médecin ordinaire du Roi, bourgeois de Montmaraud, d'un banc et droit de sépulture en l'église, moyennant 20 livres tournois.

14 octobre 1621 :

Constitution d'une rente de 30 sols à l'église de Montmaraud, par Claude et François Picard, père et fils.

20 janvier 1625 :

Etablissement de la confrérie du Rosaire.

(Papiers de M. Thonnié.)

Novembre 1627 :

Prise de possession, par Gilbert Frade, de la cure de Montmaraud, à laquelle il avait été nommé le 20 octobre précédent.

4 mai 1628 :

Vente, par François Thourel, à autre François, son fils, d'un banc de boucherie à Montmaraud, moyennant 100 livres tournois.

3 décembre 1633 :

Fondation, par Antoine de Forestz, écuyer, sieur des Prugnes, et Marie Delaloère, sa femme, d'une rente de

33 livres au profit du collège et de l'église de Montmaraud, acceptée par Etienne Aumaistre, François Barthollet, François Michelon et Gilbert Loyon, consuls de Montmaraud (1).

3 mai 1636 :

Extrait d'un arrêt du Parlement, au profit du curé de Montmaraud, pour le pâturage arrenté à M. Dubost.

11 août 1638 :

Constitution d'une rente de 6 livres 5 sols à l'église de Montmaraud, par Martin, dit Fraigne, de Sazeret.

15 février 1643 :

Constitution d'une rente de 86 livres 2 sols 7 deniers à l'église de Montmaraud, sur le domaine de Pochonnière, par Charles de Biotière, capitaine-châtelain de Murat, et Madeleine Grangier, sa femme.

12 mai 1643 :

Fondation d'une rente annuelle de 16 livres 13 sols 4 deniers, au capital de 300 livres, pour Simon Guilhaumet, curé de Montmaraud, par Antoine de Forestz, écuyer, sieur des Prugnes, et Marie Delaloère, sa femme, demeurant aux Prugnes, paroisse de Sazeret.

8 février 1653 :

Constitution de 14 livres de rente à l'église de Montmaraud, par Gilbert Auroux, sieur de la Moutière (2).

(1) A ajouter à la liste des consuls de C. Grégoire, p. 23.

(2) 1722. Procédures contre les héritiers pour le paiement des arrérages.

24 octobre 1660 :
Testament de Simon Guilhaumet, curé de Montmaraud.

4 février 1661 :
Etablissement de la confrérie de Saint-Gilbert par le même.

(Papiers de M. Thonnié.)

2 septembre 1662 :
Prise de possession de la cure de Montmaraud, par Martin Pommier, de Barbaste, docteur en droit canon et civil, nommé le 28 août précédent.

9 novembre 1662 :
Fondation de prières en l'église de Montmaraud, par Gilbert Loyon.

20 février 1663 :
Constitution, par Gilbert Loyon, substitut du procureur du Roi en la châtellenie de Murat, et Jeanne Ducoux, sa femme, d'une rente de 17 livres 10 sols à l'église, plus 20 sols pour le collège.

23 décembre 1663 :
Enquête sur le nombre annuel des communiants en la paroisse de Montmaraud, pour établir la nécessité de la nomination d'un vicaire réclamée par le curé.

5 avril 1664 :
Constitution d'une rente annuelle de 7 livres 10 sols, au principal de 135 livres, à la confrérie de Saint-Gilbert, par Guillaume et Pierre Pinel, du village de Chaumes, paroisse de Saint-Bonnet-de-Four.

26 mars 1665 :
Fondation de prières en l'église de Montmaraud, par Gilbert Bonnet, curé de Vernusse.

14 décembre 1665 :

Arrêt des Grands Jours de Clermont contre les fêtes balladoires (1).

22 janvier 1670 :

Permission au prêtre Desfontis, communaliste de Blomard, domicilié à Montmaraud, de dire la messe à Saint-Etienne, sans pouvoir pour cela prétendre aucune part aux revenus de ladite église.

[1670] :

Confrérie de la Charité établie à Montmaraud par le R. P. Lejeune, dit le P. Aveugle, au temps de Madame Fouquet. Liste des dames qui en faisaient partie.

4 avril 1671 :

Donation, par Jean Bouérot, marchand et bourgeois de Montmaraud, à la communauté des habitants de cette ville, d'un jardin et de bâtiments près de la porte du cimetière pour en faire un hôpital à recevoir et retirer les pauvres, se réservant pour lui et les siens la faculté de se faire enterrer dans la chapelle dudit hôpital, après la bénédiction qui en sera faite aux frais dudit Bouérot par l'archevêque de Bourges ou son délégué. Les habitants, pour le remercier de « la charité qu'il fesoit au public », lui accordent, sous réserve du bon plaisir du Roi et du marquis d'Antin et de Montespan, seigneur engagiste dudit lieu, le droit de prendre le titre de fondateur dudit

(1) Cf. H. Courteault, *Fêtes baladoires et associations secrètes en Berry et en Bourbonnais*, dans la *Quinzaine bourbonnaise*, t. IX (1900), p. 344 et suivantes.

hôpital, et de jouir de tous les droits honorifiques qui appartiennent à un patron..

7 août 1672 :
Etablissement de la confrérie du Saint-Sacrement.

(Papiers de M. Thonnié.)

22 décembre 1673 :
Requête de Blaise Guillaumin, curé de Montmaraud, au châtelain de Murat, au sujet du scandale causé par ceux qui vont boire et faire tapage dans les cabarets restés ouverts pendant l'office, les dimanches et autres jours fériés ; il signale notamment Gilbert Auroux, hôte de la Croix d'Or. — Ordre d'informer (22 décembre).

13 mars 1674 :
Fondation de prières en l'église de Montmaraud, par Jean Aumaistre.

3 avril 1675 :
Fondation de 21 livres de rente annuelle, au capital de 400 livres, par Denis Aumaître, sieur des Prugnes et de la Garde (1), au profit de la confrérie du Saint-Sacrement.

1675 :
Tarif des expéditions en cour de Rome.

16 juin 1676 :
Défense d'exposer trop fréquemment le Saint-Sacrement.

28 avril 1678-23 avril 1698 :
Constitution d'une rente de 75 livres par an, au capital de

(1) Sur Denis Aumaître, voy. C. Grégoire, *Montmaraud*, p. 180.

1.500 livres, pour l'achat d'une croix avec son bâton d'argent, et la construction de la grande voûte de la nef de l'église Saint-Etienne, par Pierre Dubost et Françoise Berthollet, sa femme. Poursuites pour le paiement des arrérages.

26 novembre 1678 :

Jugement de la chambre du domaine de Bourbonnais, relatif aux cens dus par le collège au curé de Montmaraud.

1679-1693 :

Comptes de recettes et dépenses de la fabrique de l'église de Montmaraud.

23 décembre 1680 :

Sentences de la châtellenie de Murat qui condamne Auroux le jeune, fermier à Ranciat, à payer des arrérages de dîmes aux héritiers de Blaise Guillaumin, curé de Montmaraud.

1680 :

Procédure pour Etienne Dumas, curé de Montmaraud, et Jean Chabet, communaliste de ladite église, contre Gilbert Aufauvre, sieur de Beaufort, en payement des arrérages de deux rentes annuelles (18 et 7 livres) constituées au profit de cette église par François Aufauvre, sieur de Pravet, dont le défendeur est frère et héritier.

20 juin 1682 :

Achèvement de la voûte de l'église du côté de l'autel Saint-Jacques, près de la sacristie, où était le banc de Concise.

(Papiers de M. Thonnié.)

17 novembre 1682 :

Achat d'une nouvelle image de saint Etienne, et transport de l'ancienne dans la chapelle du cimetière par les soins du curé Josset.

30 juin 1683 - 20 mai 1684 :

Marché pour la construction et pose d'un rétable en bois de chêne au grand autel de l'église de Montmaraud, par Esme Malachin, menuisier à Montluçon, moyennant 220 livres et la nourriture de lui et de son compagnon pendant « le temps qu'il posera ledit retable » (1683). Quittance finale (1684).

30 novembre 1683-27 octobre 1697 :

Dossier des déclarations des curés de Montmaraud, Beaune, Montvicq et Villefranche, attestant l'existence dans chacune de ces paroisses d'une communauté ecclésiastique dont le curé est le chef et reçoit en cette qualité double part aux distributions ; jugement en ce sens de l'official de Bourges au profit de Gilbert Boireau, curé de Saint-Bonnet-de-Four, contre les communalistes de sa paroisse.

1683-1705 :

Confrérie de Saint-Eloi : comptes des recettes et dépenses.

29 juin 1684 :

Testament de Pierre Dubost, bourgeois de Montmaraud, portant fondation de prières en l'église dudit lieu, moyennant un don de 3.000 livres (1).

(Papiers de M. Thonnié.)

26 janvier 1685 :

Constitution de 20 livres de rente à l'église de Montmaraud, par Jacques Bourret, marchand et bourgeois de la ville.

(1) Dossier d'une procédure en la sénéchaussée de Bourbonnais, entre Martin Dubost, lieutenant général en la vice-sénéchaussée de Bourbonnais, fils de Pierre, et le curé Blanchard, pour l'exécution de ce testament (1698).

19 février 1685-24 juillet 1687 :

Dossier d'un legs de 100 livres et 20 charges de blé, à la confrérie de la Charité, par Madeleine de Fransure (?), veuve de Gilbert Frade, sieur de la Garenne.

14 mars 1685 :

Fondation d'une rente annuelle de 6 livres, payable le 6 décembre, au profit du régent du collège.

1685 :

« En 1685, le quintal de foin a été vendu 3 livres par M. Josset. »

(Papiers de M. Thonnié.)

15 février 1686 :

Cession, par les confrères de Saint-Gilbert, à l'église de Montmaraud, de la rente constituée en 1664.

19 juin-12 novembre 1686 :

Testament de Hugues Josset, curé de Montmaraud ; état de ses dettes et créances.

10 août 1686 :

Renonciation, par Louis de Saint-Martin, écuyer, sieur de Villars, et Marie Michelon, sa femme, aux droits honorifiques qu'ils s'attribuaient dans une chapelle de l'église de Montmaraud, appelée de Saint-James, qui avaient appartenu à la fondatrice du collège.

(Arch. de l'Allier, D. 144.)

1686 :

Procès-verbal de visite de J.-B. Pinsson, grand archidiacre de Bourbon. Il décide que le nombre des pauvres devant être instruits gratuitement par le principal du collège de Montmaraud sera désormais réduit à six, en raison de la modicité des revenus du collège.

(*Arch. de l'Allier*, D. 144.)

21 août 1687 :

Réclamation, par Jean Blanchard, curé de Montmaraud, d'une somme de 25 livres touchée avant échéance par son prédécesseur, Hugues Josset, mort le 14 novembre 1686.

21 août 1691 :

Traité entre le curé de Montmaraud et les fermiers de Naves, qui lui cèdent pour 1692 et 1698 la perception de la dîme de blé de Montmaraud appartenant à l'archevêque de Bourges.

14 septembre 1691 :

Procès-verbal de visite de l'église de Montmaraud par J.-B. Pinsson, abbé des Noyers, archidiacre de Bourbon.

1691 :

Signification d'une sentence de l'archidiacre de Bourbon à Me Isambert Le Gastellier (1), principal du collège de Montmaraud.

(*Arch. de l'Allier*, D. 144.)

11 avril 1696 :

Accord entre l'archevêque de Bourges et le curé de Montmaraud : ce dernier jouira des revenus de sa cure en totalité et recevra en plus des fermiers de la terre de Naves une somme annuelle de 250 livres, moyennant quoi les novales de Montmaraud, tant anciennes que nouvelles, seront perçues en entier pour le compte de l'archevêque.

(1) Nom à ajouter à ceux donnés par C. Grégoire, p. 47.

1er juin 1696 :

Traité avec les fermiers de la châtellenie de Murat, par lequel Jean Blanchard, curé de Montmaraud, s'engage à payer 5 livres par an, le jour de Saint-André, pour le cens annuel de quatre quartes cinq coupes et demie de seigle dû par lui pour le pré des prêtres, au grenier de Montmaraud.

23 juin 1697 :

Procès-verbal de visite de Mgr Léon Potier de Gesvres, archevêque de Bourges, à Montmaraud.

16 juillet 1697 :

Quittance de 8 livres 8 sols 6 deniers pour travaux de menuiserie dans le chœur de l'église, dus à Jean Danthoine, menuisier.

1697 :

Pétition de Jean Blanchard, curé, à l'archevêque de Bourges, pour obtenir le réglement des droits respectifs du curé et des communalistes.

1697-1719 :

Comptes des recettes et dépenses de la fabrique de l'église de Montmaraud.

1698-1733 :

Dossier de procédure pour Jean Blanchard, curé de Montmaraud, contre Pierre Auclert, recteur du collège de Villefranche, comme tuteur de sa fille Marie, héritière émancipée de son aïeul, Pierre Auclert, pour le payement des arrérages d'une rente de 5 livres tournois qu'il avait constituée à l'église de Montmaraud par contrat du 25 juillet 1685.

XVIIe siècle :

Copie des articles de la communauté de Montmaraud, écrite par H. Josset, curé de Montmaraud.

XVIIe siècle :

Mémoire de ce que le curé de Montmaraud demande à être observé par le sieur Neveu, seul communaliste de la paroisse, selon le traité passé entre eux le 11 novembre 1697.

XVIIe-XVIIIe siècle :

Plumitifs d'audience de la châtellenie de Murat séante à Montmaraud (1).

(*Arch. de l'Allier,* série B, non inventoriée.)

24 octobre 1704 :

Déclaration du Roi relative aux biens de mainmorte.

1705 :

Dossier de procédure pour le curé Blanchard contre le sieur Neveu relativement aux droits tant du curé que des communalistes.

1709-1723 :

Dossier de procédure pour le curé Blanchard contre Jean Dubost, curé de Venesmes, et Françoise Méténier, sa nièce, veuve de Martin Dubost, écuyer, pour les arrérages d'une rente de 27 livres 5 sols constituée au profit des curé et com-

(1) Voy. deux lettres (28 février et 16 mars 1687) de M. d'Argouges, intendant de Moulins, au contrôleur général des finances, au sujet de l'établissement définitif du siège de la châtellenie de Murat à Montmaraud ; publiées par R. Delvaux, dans le *Courrier de l'Allier* du 5 août 1903, d'après les papiers du contrôle général conservés aux Archives nationales.

munalistes de Montmaraud par Pierre Dubost et Françoise Berthollet, sa femme, les 4 octobre 1677 et 28 avril 1678.

1709-1733 :

Registres du prix des grains de la châtellenie de Murat, dont un pour la ville de Montmaraud.

(*Arch. de l'Allier,* série B, non inventoriée.)

21 juin 1710 :

Testament de Jean Blanchard, curé de Montmaraud.

1712-1713 :

Procédure pour Jean Blanchard, curé de Montmaraud, contre Jean Barathon, sieur de Nodonière, Marie Michelon et Pierre Pin, conseiller au présidial de Moulins, demandeurs en sentence d'ordre et distribution des deniers provenant de la vente de la terre de la Brosse.

1714 :

Dossier de procédure pour Jean Blanchard, curé, et Jean Neveu, communaliste de l'église de Montmaraud, contre Gilbert Tardet, Pierre Villepreux et autres, à cause d'une rente de 50 livres constituée autrefois à la dite église par Simon Malley, sieur de Concise, sur la terre de la Brosse, paroisse de Saint-Bonnet-de-Four.

1716 :

Procès intenté par Jean Blanchard, curé de Montmaraud, contre Antoine de Lapelin, écuyer, sieur du Boussat, pour le paiement des arrérages d'une rente de 20 livres constituée au profit de l'église de Montmaraud par Pierre Rousseau, receveur du taillon en l'élection de Montluçon, seigneur du Boussat, le 31 juillet 1630, après le décès de Madeleine Nicollas, sa femme, morte récemment de la contagion à Montmaraud. Correspondance à ce sujet entre MM. Blanchard, de Lapelin et Tenaille, procureur à Moulins.

1717 :

Dossier de procédure pour Jean Blanchard et Jean Neveu, curé et communaliste de Montmaraud, contre les héritiers de Hugues Josset, ancien curé.

1719 :

Lettres du duc d'Antin, seigneur de Montmaraud, relative aux affaires de la ville.

(Papiers de M. Thonnié.)

17 avril 1720-23 juillet 1723 :

17 avril 1720. Vente, par François Durin, garçon épicier à Chantelle-la-Vieille, à la confrérie de Saint-Eloi, d'une rente de 7 livres 10 sols sur une maison sise au Montet, rue Alabrune, provenant des époux Chantoiseau (1). — 23 juillet 1723. Transport de cette rente à Jean Blanchard, curé de Montmaraud.

7 août 1720 :

Sommation au curé Blanchard de recevoir en billets de la banque royale le remboursement de 731 livres 18 sols, montant des fondations Méténier et Dubost. Procès (1721) sur le refus du curé.

9 octobre 1720 :

Remboursement à Mre Auroux des Pommiers (2), prêtre,

---

(1) 2 septembre 1691. Contrat de mariage d'Antoine Chantoiseau, taillandier, avec Françoise Duris.

(2) Voy. à son sujet C. Grégoire, *Montmaraud*, p. 55.

conseiller clerc au présidial de Moulins, et Catherine Auroux, sa nièce, de 280 livres 5 sols, principal de 14 livres 1 sol 3 deniers de rente constituée à l'église de Montmaraud par Gilbert Auroux sur Baratier et ses personniers à Beaune, les 14 juin 1664 et 24 mars 1700.

1721 :

Dossier d'un procès intenté par Jean Blanchard, curé de Montmaraud, et Claude Joly, son sacristain, pour obtenir le paiement des arrérages des fondations faites en 1643 et 1675.

1722 :

Fondation, par les frères Louis et Jean Martin, d'une rente de 6 livres au profit du collège de Montmaraud.

(*Arch. de l'Allier,* D. 144.)

1725-1750 :

Correspondance de l'intendance de Moulins avec M. Michelon de Felines, subdélégué à Montmaraud.

Entre autres :

Décembre 1743. Au sujet du transfert à Montmaraud de la brigade de maréchaussée de Bourbon.

1750. Au sujet du changement de la route du courrier de Moulins à Montluçon, qui passera par Montmaraud à partir du 1er janvier 1751, et de l'établissement d'un bureau de poste en cette dernière ville.

(*Papiers de M. Thonnié.)*

19 mars 1730 :

Fondation de prières en l'église de Montmaraud, par Gilberte Aujouannet, veuve de Gaspard de la Brosse (1).

---

(1) Sur ces personnages, voy. C. Grégoire, *Montmaraud,* p. 121.

4 mai 1730 :

Sommation faite au curé Blanchard et aux habitants de Montmaraud par Jean Marchand, charpentier à Hérisson, déclaré adjudicataire des travaux pour la reconstruction du clocher de l'église, moyennant 1.378 livres, le 29 novembre 1728, pour le payement de ce qui lui est dû.

22 juin 1731 :

Institution des prières des quarante heures.

Août 1734-1790 :

Enregistrement du prix des grains vendus aux foires et marchés de Montmaraud.

Sept cahiers (1) :

1. Août 1734-septembre 1744 ;
2. Octobre 1744-juin 1755 ;
3. Juin 1755-novembre 1761 ;
4. Décembre 1761-janvier 1771 ;
5. Janvier 1771-septembre 1774 ;
6. Septembre 1774-octobre 1780 ;
7. Octobre 1780-décembre 1787 ; plus cinq marchés de 1788 à 1790.

(Arch. communales.)

1736-1747 :

16 mars 1736. Constitution de 10 livres de rente annuelle, au profit de Gilbert Chacaton de la Garde, par Jean Mercier et Catherine Coinchon, sa femme. — 9 mai 1747. Cession de la dite rente par G. Chacaton à la fabrique de Montmaraud.

(Arch. de l'Allier, B. 797.)

(1) Des registres analogues, de 1709 à 1733, sont aux Archives de l'Allier. Voy. plus haut, p. 79.

16 décembre 1739 :

Réduction des fondations faites en l'église de Montmaraud.

1741-1742 :

Confrérie de Notre-Dame de Pitié : comptes des recettes et dépenses.

1751-1776 :

Comptes des recettes et dépenses de la fabrique de l'église de Montmaraud.

17 juin 1752 :

Procès-verbal de nomination par les maîtres sergiers de Montmaraud de gardes jurés et visiteurs des étoffes manufacturées et vendues dans les villes de Montmaraud et Villefranche et les paroisses de Chappes et Malicorne.

(Papiers de M. Thonnié.)

1753-1763 :

Livre de recettes et dépenses de Gilbert de Frade, docteur en théologie, ancien archiprêtre de Bourges et curé de Montmaraud.

Vers 1760 :

Mémoire du marché fait avec un sieur David pour la construction d'une tribune sur la grande porte de l'église.

1765 :

« Le 21 may 1765, j'ai vu abbattre la porte de la ville de Montmarault, placée sur la route dudit Montmarault à Montluçon ; il y avoit au dessus du ceintre la pierre que j'ai en dépôt et qui porte les armes de notre ville. C'est un soleil orné de rayons et entouré de 8 petits rondeaux ou étoiles sans rayons, le tout enveloppé d'un manteau royal. J'ai vu ôter cette pierre de ladite porte.

MICHELON. »

(Papiers de M. Thonnié.)

1766-1790 :

Registre destiné à l'enregistrement des défrichements de la châtellenie de Murat.

(*Arch. de l'Allier*, série B, non inventoriée.)

Vers 1774 :

Requête au Roi (non signée) des officiers municipaux pour obtenir certains privilèges en faveur de l'hôpital et de ses administrateurs.

(*Arch. hospitalières.*)

Juillet 1774, Marly (1) :

Lettres patentes portant création d'un hôpital à Montmaraud.

(*Arch. hospitalières.*)

14 décembre 1774 :

Donation de biens à l'hospice de Montmaraud par Gilbert Chacaton, sieur de la Garde.

(*Arch. hospitalières* et *Arch. de l'Allier*, B. 790.)

Janvier 1775-pluviôse an IV :

Registre des comptes de l'hôpital.

(*Arch. hospitalières.*)

1776 :

Mémoire et observations de l'intendant Depont sur diverses demandes présentées par les administrateurs de l'hôpital de Montmaraud.

(*Arch. de l'Allier*, C. 283.)

1776-1791 :

Registre de police des prisons de la châtellenie de Murat.

(*Arch. de l'Allier*, série B, non inventoriée.)

(1) Voy. C. Grégoire, *Montmaraud*, p. 48-49, pour cet acte et le suivant.

6 juillet 1778 :

Adjudication du banc qui est à la porte du chœur, du côté de l'autel de Notre-Dame des Neiges, à Georges Boucaumont, procureur en la châtellenie de Murat, pour lui et Marguerite Gaulmin, sa femme, moyennant 5 livres 10 sols par an.

20 mars 1782 (1) :

Donation, par Pierre Chacaton, curé de Saint-Bonnet-de-Four, d'un emplacement au faubourg de Villefranche, à Montmaraud, pour y construire l'hôpital fondé en 1774.

(Arch. hospitalières et *Arch. de l'Allier,* B. 797.)

1783 :

Mémoires, devis, plan et autres pièces relatifs à la construction de l'hôpital de Montmaraud. — Etat des fonds appartenant à cet hôpital, des dons et legs faits en sa faveur, et des charges dont il est grevé.

(Arch. de l'Allier, C. 283.)

Avril 1786, Versailles :

Lettres patentes portant confirmation de cette seconde donation Chacaton.

(Arch. hospitalières.)

17 septembre 1786-janvier 1787 :

Registre destiné à l'enregistrement des provisions, serment et réception des officiers municipaux de la ville de Montmaraud.

(Arch. communales.)

10 avril 1787-7 décembre 1789 :

Registre des délibérations municipales. A noter le vœu émis

---

(1) Voy. C. Grégoire, *Montmaraud*, p. 49-50, pour cet acte et le suivant.

par les officiers municipaux, le 12 décembre 1788, pour avoir une assemblée provinciale en Bourbonnais à l'instar des Etats du Dauphiné.

(Arch. communales.)

xviiie siècle :

Requête des habitants de Montmaraud aux Carmes de Saint-Amand pour l'établissement d'une confrérie du Saint-Scapulaire.

xviiie siècle :

Etat des contrats de rentes remboursées à l'église de Montmaraud de 1749 à 1772.

xviiie siècle :

Administration générale des domaines :

Bureau de Montmaraud.

Trente-six registres du contrôle des actes ; huit registres du centième denier, du début du xviiie siècle à 1790, où l'on trouve l'analyse de milliers d'actes passés par-devant notaire et sous seings privés, intéressant la région de Montmaraud : ventes, donations, contrats de mariages, testaments, reprises de fiefs, délibérations locales, etc.

(Arch. de l'Allier, série C, non inventoriée.)

INDEX

Les noms de personnes sont en PETITES CAPITALES ; *les noms de lieux, en italiques ; les noms de matières, en* caractères romains. *La plupart des noms de lieux ont été identifiés, à l'exception de quelques-uns pour lesquels la recherche eût été superflue ou n'a pas abouti. Les noms des principales matières ont été relevés.*

Le chiffre placé entre parenthèses après un autre chiffre indique le numéro de la note à laquelle il renvoie : 31 (4) = p. 31, n. 4.

A

B

C

D

E

F

G

H

I

J

M

N

O

P

R

S

T

V

ESPERANCE

TABLE DES MATIÈRES

ASSEZ TOST VIENT LA FIN

Achevé d'imprimer
le treize juillet mil neuf cent sept

PAR
CRÉPIN-LEBLOND
A MOULINS

www.ingramcontent.com/pod-product-compliance
Ingram Content Group UK Ltd.
Pitfield, Milton Keynes, MK11 3LW, UK
UKHW021210220726
13924UKWH00003B/1450

9 782019 938819